Ilardo/Rothmann   Alt und eigensinnig

Joseph A. Ilardo
Carole R. Rothmann

alt und eigensinnig

So lösen Sie
die häufigsten
Probleme mit
Eltern, die älter
werden

Aus dem Englischen
von Bea Reiter

ARISTON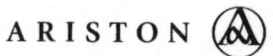

Die Originalausgabe erchien 2001 unter dem Titel
Are Your Parents Driving You Crazy?
bei VanderWyk & Burnham, Acton, USA.

Die Deutsche Bibliothek – CIP-Einheitsaufnahme
Ilardo, Joseph A.:
Alt und eigensinnig : so lösen Sie die häufigsten Probleme mit Eltern,
die älter werden / Joseph A. Ilardo/Carole R. Rothman. Aus dem Ameri-
kan. von Bea Reiter. – Kreuzlingen ; München : Hugendubel, 2002
(Ariston)
Einheitsacht.: Are your parents driving you crazy <dt.>
ISBN 3-7205-2304-7

Umschlaggestaltung: Zembsch'Werkstatt, München
Redaktion: Verlagsbüro Oliver Neumann, München
Produktion: Maximiliane Seidl
Satz: EDV-Fotosatz Huber/Verlagsservice G. Pfeifer, Germering
Druck und Bindung: Huber, Dießen
Printed in Germany
ISBN 3-7205-2304-7

*Für Christina Ilardo, die ihren Kindern mit 92 Jahren
noch so einiges beibringen kann.*

*Für die vielen erwachsenen Kinder, die bereit gewesen sind, mit uns
über ihre Gefühle, Erfahrungen, Sorgen und Nöte zu sprechen.
Sie haben uns damit wichtige Einblicke und Erkenntnisse über die
Probleme und Chancen verschafft, denen wir uns gegenübersehen,
wenn unsere Eltern älter werden.*

Inhalt

Einleitung

Es gibt viele Bücher, die erwachsenen Kindern bei der Betreuung und Pflege ihrer an Altersdemenz erkrankten oder an emotionalen Störungen leidenden Eltern helfen wollen. Dieses Buch jedoch richtet sich an erwachsene Kinder, deren Eltern noch im Vollbesitz ihrer geistigen Kräfte und relativ unabhängig sind, sich aber angesichts eines im Prinzip recht einfach zu lösenden Problems uneinsichtig zeigen. Eltern beispielsweise, die nicht zum Arzt gehen, obwohl es dringend erforderlich wäre, oder unnötig knausern und dadurch ihre Gesundheit und ihr Wohlergehen aufs Spiel setzen.

Probleme dieser Art machen erwachsenen Kindern das Leben schwer. Und obwohl es meistens eine Lösung gibt, gestaltet es sich mitunter recht schwierig, sie zu finden, wenn es konkret um die *eigenen* Eltern, Geschwister oder Ehepartner geht. Natürlich wollen Sie das Richtige tun, wissen aber häufig nicht, was das ist. Und wenn Sie es wissen, haben Sie vielleicht keine klare Vorstellung davon, wie Sie vorgehen sollen. Genau deshalb haben wir dieses Buch geschrieben – wir wollen Ihnen Erkenntnisse und Werkzeuge an die Hand geben, damit Sie Probleme, mit denen Sie konfrontiert werden, lösen können.

In Kapitel 1 des Teils *Der Kontext* erfahren Sie, warum Probleme dieser Art manchmal eine so große Herausforderung darstellen, wenn man nach Mitteln und Wegen sucht, um sie zu lösen. In Kapitel 2 geht es um Kommunikationsstrategien, die dazu beitragen können, dass Sie und Ihre Eltern die anstehenden Probleme gemeinsam lösen. Wenn Sie einen toten Punkt erreicht haben, zeigt Ihnen Kapitel 3, wie Sie aus dieser Sackgasse herauskommen. Im letzten Kapitel dieses Teils lernen Sie, wie Sie dabei nicht den Ver-

9

stand verlieren – durch Strategien, die wir unter dem Akronym R.E.T.T.U.N.G. zusammengefasst haben.

Der Abschnitt *Das Modell* erläutert eine Methode zur Problemlösung, die Ihnen helfen wird, jeden Konflikt, der sich in diesem Zusammenhang ergeben könnte, systematisch anzugehen. Dieser Ansatz ist bei unser langjährigen Arbeit mit erwachsenen Kindern wie Ihnen entstanden und wird Ihnen sehr nützlich sein.

Im Teil *Die Probleme* zeigen wir Ihnen, wie das Modell in der Praxis funktioniert. Dazu haben wir 25 der Probleme aufgelistet, mit denen erwachsene Kinder am häufigsten zu kämpfen haben. Die meisten werden vor allem von Eltern in fortgeschrittenem Alter verursacht – die Mutter beispielsweise will nicht zum Arzt gehen, der Vater das Autofahren nicht aufgeben. Einige dieser Probleme verursachen andere Familienmitglieder, etwa, wenn sich Ihre Geschwister oder andere Menschen weigern, Sie zu unterstützen.

Die in diesem Teil vorgestellten Schwierigkeiten sind natürlich auch auf andere Situationen übertragbar. Wenn wir zum Beispiel eine Situation beschreiben, bei der es um Ihren Vater geht, können Sie die dabei erläuterten Grundlagen natürlich auch auf Ihre Mutter oder Ihre Tante anwenden. Und selbst wenn Ihre ganz persönliche Lage hier nicht beschrieben wird, werden Sie mit Sicherheit eine oder mehrere ähnliche Situationen finden, die Ihnen weiterhelfen können. Anhand des Stichwortverzeichnisses können Sie nach Themen suchen, die etwas mit Ihrer persönlichen Problematik zu tun haben und in mehreren Kapiteln behandelt werden.

Berücksichtigen Sie bitte, dass nicht alle Probleme gleich einfach oder gleich schwierig zu lösen sind. Die Problemlösung wird unter anderem von folgenden Faktoren beeinflusst:

- Wie viele Menschen haben etwas mit dem Problem zu tun? (Je weniger, desto einfacher ist es in der Regel, eine Einigung zu erreichen.)
- Wie gut verstehen sich die Menschen, die etwas mit dem Problem zu tun haben? (Falls sie sich gut verstehen, werden sie aller Wahrscheinlichkeit nach auch bei der Lösung gut zusammenarbeiten.)
- Ist jedem klar, dass ein Problem vorliegt? (Wenn alle der Meinung sind, dass ein Problem existiert, ist es in der Regel recht einfach, es auch zu lösen.)

- Gibt es das Problem schon länger oder erst seit kurzem? (Festgefahrene Gewohnheiten lassen sich nicht so einfach ändern.)
- Wie stark ist das Problem mit Emotionen verbunden? (Wenn sich die Gemüter erhitzen, geht häufig die Objektivität verloren.)

Die oben und in den Teilen *Der Kontext* und *Das Modell* erläuterten Grundlagen können Ihnen – unabhängig von der jeweiligen Situation – eine erste Hilfestellung leisten. Wenn Sie dann einen Plan zur Lösung Ihres ganz persönlichen Problems ausarbeiten, sollten Sie sich diese Grundlagen in Erinnerung rufen. Je mehr Sie über das, was Sie erwartet, wissen, und je sorgfältiger Sie Ihren Plan vorbereiten, desto größer ist die Wahrscheinlichkeit, dass Sie auch Erfolg haben werden.

DER KONTEXT

1.
Harte (und weniger harte) Tatsachen

Die Tatsache, dass Sie dieses Buch lesen, bedeutet vermutlich, dass Sie Eltern in fortgeschrittenem Alter haben, die zunehmend schwieriger werden. Wenn Sie dabei Hilfe brauchen, haben Sie das richtige Buch ausgewählt.[1]

Wir sind beim Schreiben von drei Voraussetzungen ausgegangen:

Erstens, dass Ihre Eltern zwar etwas starrköpfig und schwierig, aber dennoch in der Lage sind, klar zu denken und rationale Entscheidungen zu treffen. Dies ist unerlässlich, wenn Sie Ihre Eltern als Partner behandeln und Entscheidungen fällen wollen, die sie betreffen.

Zweitens setzen wir voraus, dass Sie und Ihre Eltern miteinander reden. Auch wenn es keine sehr effektive Kommunikation ist – es herrscht zumindest keine Funkstille, und Sie interagieren nach wie vor.

Drittens nehmen wir als gegeben an, dass Ihre Eltern ihr Leben bis jetzt selbst organisiert haben. Erst vor kurzem hat sich etwas geändert. Zwei Beispiele: Ihr Vater besteht darauf, weiterhin Auto zu fahren, obwohl er bereits mehrere Unfälle gehabt hat. Ihre

---

[1] Wenn Ihre Eltern geistig nicht mehr in der Lage sind, eigene Entscheidungen zu treffen, sind sie nicht einfach nur schwierig – sie haben spezielle Bedürfnisse, und Sie daher auch. Wir empfehlen Ihnen in diesem Fall, nach Büchern zu suchen, die sich an die Angehörigen von pflegebedürftigen Senioren richten. *Der 36-Stunden-Tag: Die Pflege des verwirrten älteren Menschen, speziell des Alzheimer-Kranken* von Nancy L. Mace und Peter V. Rabins, 2001 bei Huber in einer überarbeiteten, erweiterten und aktualisierten Auflage mit Adressteil erschienen, ist ein guter Ausgangspunkt. Auch ein auf Geriatrie spezialisierter Arzt kann Ihnen Ratschläge und Empfehlungen geben. Bei Fragen zur Geschäftsfähigkeit wenden Sie sich am besten an einen Rechtsanwalt mit dem Tätigkeitsschwerpunkt Seniorenrecht.

15

Mutter hat in letzter Zeit Schwierigkeiten damit, den Haushalt zu erledigen, aber sie beharrt darauf, dass sie alles noch allein schafft. In beiden Fällen deckt sich das, was Ihre Eltern tun wollen, nicht mit dem, was sie Ihrer Meinung nach tun sollten. Sie und Ihre Eltern reden sich die Köpfe heiß, und schließlich sind Sie an einem toten Punkt angelangt. Sie sind ratlos, frustriert und hilflos. Und vermutlich sind Sie auch der Meinung, dass die Angelegenheit dringend ist. Es *muss* etwas getan werden.

Obwohl es natürlich verlockend ist, sich sofort daranzumachen, alles wieder »in Ordnung« zu bringen (das heißt, gleich zum entsprechenden Problem weiterzublättern), sollten Sie sich zunächst einmal die Zeit nehmen, die Kapitel des Abschnitts *Der Kontext* durchzulesen. Sie enthalten wichtige Informationen, die Sie unbedingt wissen müssen. Das gerade anstehende Problem Ihrer Eltern ist vielleicht nur das Erste von vielen. Dieses und die nächsten drei Kapitel enthalten die Grundlagen, um sämtliche hier vorgestellten Probleme angehen zu können. Die Informationen in diesen Kapiteln sollen Sie auch in die Lage versetzen, andere als die in diesem Buch geschilderten Probleme lösen zu können.

Beim Umgang mit alt gewordenen Eltern sind einige Überlegungen zu beachten. Diese Aspekte sind vielleicht nicht ganz so einfach zu akzeptieren, aber Sie können es sich nicht leisten, sie zu ignorieren.

1. Ihre Eltern werden sich vielleicht nicht überreden lassen, genauso zu denken wie Sie

Wenn Ihre Eltern Sie wahnsinnig machen, streiten Sie vermutlich gerade mit ihnen, und zwar über etwas, das Ihnen sehr am Herzen liegt. Ihnen gefällt vielleicht nicht, wie Ihre Eltern leben oder wie sie mit ihrem Geld umgehen. Ihre Eltern haben eigene Vorstellungen vom Leben, die so ganz und gar nicht mit den Ihren übereinstimmen. Wenn Sie jedoch versuchen, Ihren Eltern Ihren Willen aufzuzwingen, kann dies Folgendes bewirken: (1) Ihre Eltern reden nicht mehr mit Ihnen; (2) sie werden noch eigensinniger; (3) sie stimmen Ihnen widerstrebend zu, nehmen Ihnen Ihre Einmischung aber übel und tun dann unter Umständen alles, um Ihre Anstrengungen zunichte zu machen; oder (4) sie geben nach und werden vollkommen abhängig von Ihnen.

Eine offene Kommunikation mit Ihren Eltern ist noch keine Garantie dafür, dass sie die Dinge so sehen wie Sie oder tun, was Sie möchten. Sie müssen bereit sein, ein wenig nachzugeben, einen Kompromiss zu finden, was durchaus auch bedeuten kann, ein Ergebnis zu akzeptieren, das Ihren Vorstellungen nicht so ganz entspricht.

2. Ihre Eltern haben ein Recht darauf, ihre Entscheidungen selbst zu treffen

Solange Ihre Eltern fähig sind, Entscheidungen zu treffen (noch einmal: Wir gehen davon aus, dass sie geistig dazu in der Lage sind), haben sie ein Recht darauf, ihr Leben so zu organisieren, wie es ihnen gefällt. Sie sind vielleicht nicht immer mit den Entscheidungen Ihrer Eltern einverstanden und finden es auch nicht gut, wenn Ihre Ratschläge zurückgewiesen werden. Falls Gesundheit und Sicherheit Ihrer Eltern nicht unmittelbar gefährdet sind, bleibt Ihnen allerdings gar nichts anderes übrig, als dies einfach hinzunehmen. Paradoxerweise kann eine solche Haltung Ihrerseits dazu führen, dass Ihre Eltern schließlich doch noch einlenken und Ihre Sicht der Dinge übernehmen, ohne dabei das Gesicht zu verlieren. Wenn Menschen nachgeben können, ohne sich dabei dumm vorzukommen, sind sie eher bereit, einen Kompromiss zu schließen.

Im Gegensatz zur landläufigen Meinung wird man nie zum »Vater« oder zur »Mutter« der eigenen Eltern. Selbst wenn Sie Ihre bettlägerigen Eltern pflegen, sind Sie »nur« ein Helfer Ihrer Eltern. Und obwohl Sie vielleicht für Ihre Eltern entscheiden müssen, bleiben Sie immer ihr Kind. Ihren Eltern in einer solchen Situation zu zeigen, dass Sie immer noch Respekt vor ihnen haben, ist absolut notwendig, wenn Sie und Ihre Eltern eine funktionierende Beziehung anstreben. Sie können Ihren Respekt zeigen, indem Sie um Erlaubnis fragen, bevor Sie Änderungen vornehmen oder Vorschläge machen. Statt zu sagen, »Ich werde eine Hilfe fürs Einkaufen besorgen«, sollten Sie fragen, »Brauchst du jemanden, der dir

17

beim Einkaufen hilft?« oder »Kann ich jemanden damit beauftragen, dir beim Einkaufen zu helfen?« Wenn Sie diese Art von Rücksicht nehmen, wird es Ihren Eltern einfacher fallen, ja zu sagen, und sie werden nicht mehr der Meinung sein, ihren Stolz und ihre Würde opfern zu müssen, wenn sie sich von Ihnen helfen lassen.

In einigen Situationen werden Sie die übliche Eltern-Kind-Beziehung allerdings nicht mehr aufrechterhalten können. Wenn das Urteilsvermögen Ihrer Eltern auch nur leicht beeinträchtigt ist, werden Sie in ihrem Interesse handeln müssen, egal, ob es ihnen gefällt oder nicht. Wenn ihre Eltern unverschämt reagieren oder Sie schikanieren, bleibt Ihnen nichts anderes übrig, als sich energisch durchzusetzen. Trotzdem müssen Sie Ihre Eltern – soweit dies möglich ist – respektieren, um sie zur Mitarbeit zu bewegen.

3. Selbst wenn Sie und Ihre Eltern nicht derselben Meinung sind, kann es sinnvoll sein, einfach nur miteinander zu reden

Auch wenn bei einer Diskussion mit Ihren Eltern lediglich herauskommt, welche Wünsche und Nöte diese haben, haben Sie Ihre Zeit keineswegs vertan. Ein Beispiel: Wenn Sie glauben, dass Ihre verwitwete Mutter ihre Wohnung im zweiten Stock aufgeben sollte, sie Ihnen aber klar macht, dass sie das nicht will und sehr gut allein zurechtkommt, war Ihr Gespräch erfolgreich. Ihre Mutter weiß jetzt, dass Sie sich Sorgen um sie machen, und Sie wissen, dass Sie es – falls sich an der Situation etwas ändern sollte – später noch einmal versuchen können.

4. Wenn Sie nicht klipp und klar sagen, was Sie wollen, kann dies zu Entscheidungen führen, mit denen keiner einverstanden ist

Versäumen Sie es, über wichtige Dinge zu reden und dabei ehrlich und offen zu sein, dann kann das zu falschen Entscheidungen führen. Wenn Ihre Mutter zustimmt, zu Ihnen in Ihr Haus zu ziehen,

18

weil sie denkt, dass *Sie* das wollen, und Sie sie bitten, zu Ihnen zu ziehen, weil Sie glauben, dass *Ihre Mutter* das will, kann das durchaus zu einer »Lösung« führen, mit der weder Ihre Mutter noch Sie glücklich werden.

5. Ihre Eltern geben möglicherweise nicht zu, dass sie Hilfe brauchen (und verneinen dies vielleicht sogar, wenn Sie sie fragen)

»Ich wollte nicht, dass du dir Sorgen machst« – das ist ein Satz, den Sie wahrscheinlich mehr als nur einmal hören werden. Es kann vorkommen, dass Ihnen Ihre Eltern aus Stolz oder Angst ihre Bedürfnisse verheimlichen und ihre Probleme herunterspielen. Eltern wollen für ihre Kinder keine Bürde sein. Und sie wollen ihren eigenen Verfall nicht wahrhaben. Daher können sie oft nicht zugeben, dass sie Schwierigkeiten haben.

Eine unserer Bekannten erzählte uns von einem Vorfall, der diesen Punkt sehr gut veranschaulicht: Sie besuchte an einem Nachmittag ihren 75-jährigen Vater, dem es gut zu gehen schien. Einige Stunden später erhielt sie jedoch einen Anruf von einem Krankenhaus. Man teilte ihr mit, dass ihr Vater gerade mit einem leichten Herzinfarkt eingeliefert worden sei. Als sie ihn später fragte, ob er denn nicht schon bei ihrem Besuch Schmerzen gehabt habe, sagte er, ja, schon, aber er habe sie nicht beunruhigen wollen.

6. Manchmal können Sie nur wenig oder auch gar nichts tun, um Ihren Eltern zu helfen

Den allmählichen Verfall seiner Eltern oder ihren Kampf mit einer schweren Krankheit mitansehen zu müssen ruft häufig den Wunsch hervor, *irgendetwas* zu tun, um ihnen zu helfen. Allerdings muss es nicht immer im Interesse der Eltern liegen, wenn Sie etwas unternehmen, damit *Sie* sich besser fühlen. Wenn Sie beispielsweise darauf bestehen, dass Ihre Eltern ihre Ernährungsgewohnheiten ändern und Vitamine schlucken, ändert das nicht viel. Es schafft lediglich die Illusion, dass Sie versuchen zu helfen. Angesichts einer Situation, für die es im Grunde genommen keine Lösung gibt, sollten Sie bedenken, dass Geduld, Besuche und Fürsorge sehr viel mehr Wert haben als übereilte Aktionen, die nur dazu dienen, Ihr Gewissen zu beruhigen. Sie müssen erkennen, wann es besser ist, den Dingen ihren Lauf zu lassen.

7. Es gibt fast immer mehr als nur eine »richtige« Antwort auf das Problem, das Sie mit Ihren Eltern haben

Es gibt nur sehr selten eine einzige »richtige« Antwort auf ein menschliches Problem. Und selbst wenn Sie glauben, *die* Lösung gefunden zu haben, kann es katastrophale Folgen haben, wenn Sie sie Ihren Eltern aufzwingen wollen. Besser ist es, auch Alternativen in Erwägung zu ziehen, was allen Beteiligten mehr Spielraum lässt. In diesem Buch verwenden wir nicht den Ansatz einer »Einzellösung«, sondern geben immer zwei oder drei Alternativen. Wenn uns eine bestimmte Alternative geeigneter zu sein scheint, erläutern wir dies oft mit praktischen Beispielen zu dem, was Sie sagen oder tun sollten. Darüber hinaus erklären wir einige Methoden zur Problemlösung, die sich auf *jede* aktuelle oder zukünftige Situation anwenden lassen.

8. Manchmal ist Logik alles andere als wichtig

Wenn es um Ihre alt gewordenen Eltern geht, ist die logischste, praktischste oder vernünftigste Entscheidung nicht zwangsläufig die beste. Praktische Durchführbarkeit und die üblichen logischen Maßstäbe zählen oft nicht, wenn es um die emotionalen Bedürfnisse Ihrer Eltern geht. Ein Beispiel: Logisch gesehen macht es natürlich keinen Sinn, wenn Sie Ihrer greisen Mutter erlauben, mehrere tausend Euro auf dem Girokonto zu haben. Wenn es jedoch zum Seelenfrieden Ihrer Mutter beiträgt, so viel Geld zur ständigen Verfügung zu haben, ist Ihre Einwilligung in diesem Fall die »richtige« Entscheidung.

9. Der Zeitpunkt zählt

Die gleiche Hilfe, zu einem anderen Zeitpunkt oder unter anderen Umständen gegeben, kann nützlich oder sinnlos sein. Sie kann sogar schädlich sein. Ein Beispiel: Sie spülen grundsätzlich das Geschirr, bevor Sie nach einem Besuch bei Ihrer Mutter wieder gehen. Wenn es Ihrer Mutter Freude macht, das Geschirr selbst zu spülen, nachdem Sie gegangen sind (weil es ihr hilft, mit der Einsamkeit fertig zu werden, die sie empfindet, wenn ihr Kind wieder fort ist), dann wäre es grausam, darauf zu bestehen, dass Sie das übernehmen. Aber falls die Hände Ihrer Mutter schon so zittern, dass beim Spülen jederzeit etwas zerbrechen kann, ist es eine Gefälligkeit, ihr zu helfen. Vor allem, wenn Sie es ihr durch diese kleine Handreichung ermöglichen, Sie weiterhin zum Essen bei sich zu Hause einzuladen.

10. Die Lösung von heute kann morgen schon veraltet sein

Wenn Sie eine Lösung für die Probleme Ihrer Eltern finden, kann es durchaus sein, dass diese zwar für den Augenblick genügt, aber noch einmal überdacht werden muss, wenn sich die Bedürfnisse Ihrer Eltern ändern. Ein Beispiel: Wenn Ihre Mutter bei guter Gesundheit bleibt, dürfte es ausreichen, dreimal pro Woche eine Haushaltshilfe kommen zu lassen. Wird sie jedoch mit zunehmendem Alter immer gebrechlicher, werden Sie vermutlich für mehr und häufigere Hilfe sorgen müssen. Und irgendwann werden Sie vielleicht feststellen, dass Ihre Mutter nicht mehr allein leben kann.

Bis jetzt haben wir nur über Sie und Ihre Eltern geredet. Aber bei der Betreuung älterer Angehöriger müssen noch einige andere Faktoren berücksichtigt werden – Geschwister und andere Familienmitglieder.

11. Wenn ein Familienmitglied noch nie einen engen Kontakt zur Familie hatte, sollten Sie nicht davon ausgehen, dass sich an dieser Einstellung jetzt etwas ändert

Wenn Ihr Bruder noch nie einen engen Kontakt zur Familie hatte und sich mit Ihren Eltern noch nie gut verstanden hat, wäre es sinnlos zu erwarten, dass er jetzt einspringt und Ihnen seine Hilfe anbietet. Sparen Sie sich die Mühe und fragen Sie ihn erst gar nicht. (Wenn er jedoch zu den Menschen gehört, die glauben, sich mit einem Scheck aus der Verantwortung für die Familie stehlen zu können, ist es unter Umständen sinnvoll, ihn um finanzielle Hilfe zu bitten. Aber es sollte Sie nicht zu sehr überraschen, wenn er ablehnt.)

Und wenn Ihre Schwester, die bis jetzt kaum Interesse an der Familie gezeigt hat, Ihnen Hilfe anbietet, sollten Sie nicht allzu viel Begeisterung von ihr erwarten. Das erspart Ihnen viele Enttäuschungen und hat den Vorteil, dass Ihre Schwester nicht unter Druck gesetzt wird. Eigentlich sollte man alles, was man tut, gern tun, aber in der Welt, in der wir leben, ist das nicht immer möglich. Sie sollten also akzeptieren, dass Ihre Schwester zwar *bereit* ist, für Ihre Mutter einkaufen zu gehen, aber nicht gerade *froh* darüber sein wird.

12. Alte Familienmuster wird man nicht so schnell los

Die unterschiedlichen Rollen in einer Familie ändern sich nicht so schnell. Wenn eines Ihrer Geschwister immer das »gute« Kind gewesen ist, während ein anderes immer der »Ausbeuter« oder »Egoist« war, wird es sich auch so verhalten, wenn es Probleme mit Ihren Eltern gibt. Radikale Veränderungen der Persönlichkeit sind eher unwahrscheinlich. Gehen Sie nicht davon aus, dass es in Ihrer Familie dazu kommt.

13. Einige Mitglieder Ihrer Familie werden Ihnen unter Umständen nicht nur Hilfe verweigern, sondern alles noch schwieriger machen

Familienmitglieder, die Ihnen nicht helfen wollen oder können, bringen es unter Umständen auch fertig, die ganze Situation noch zu verschlimmern. Manche legen sogar ein kriminelles Verhalten an den Tag, wie der Mann, der seine Mutter bestahl, indem er auf Schecks die Unterschrift seines verstorbenen Vaters fälschte. Andere wiederum sind notorische Querulanten, wie die Frau, die sich so oft und lange mit dem Arzt ihrer Eltern stritt, bis dieser sich schließlich weigerte, die beiden Alten zu behandeln. Wenn Menschen wie diese zu Ihrer Familie gehören, sollten Sie ihnen so gut wie möglich aus dem Weg gehen und sie nicht in Ihre Planung miteinbeziehen.

14. Falls Ihre Eltern und Ihr Partner sich nicht sonderlich zugetan sind, sollten Sie das auf keinen Fall ignorieren

Wenn es zwischen Ihren Eltern und Ihrem Partner Spannungen gibt, werden diese nicht von heute auf morgen verschwinden. Und wenn es ganz bestimmte Reibungspunkte gibt, wie dies bei weniger traditionellen Partnerschaften häufig der Fall ist, können die Reaktionen sogar noch extremer sein. Um es einmal ganz deutlich zu sagen: Wenn Ihr Partner oder Ihre Partnerin Ihre Eltern nicht ausstehen kann, wird er oder sie es Ihnen vermutlich übel nehmen, dass Sie so viel Zeit mit ihnen verbringen. Und Ihre Eltern sind vielleicht nicht bereit, sich vom Partner Ihres Kindes helfen zu lassen. Sie sollten dies bei der Planung Ihrer Strategie berücksichtigen und sich darauf einstellen, dass es mit Sicherheit zu Auseinandersetzungen kommen wird.

Die in diesem Kapitel vorgestellten Grundsätze mögen nicht immer angenehm sein. Trotzdem stellen sie eine realistische Basis für Ihre Planung und Ihre Entscheidungen dar. Es ist besser, den Tatsachen ins Gesicht zu sehen, als auf der Grundlage von Märchen und Vermutungen zu handeln, die Sie von Ihrem Ziel ablenken können. Dies wäre am Ende für alle Beteiligten frustrierend.

Im nächsten Kapitel erläutern wir die Kommunikation mit den Eltern. Wir stellen Strategien vor, mit denen Sie die Probleme lösen können, die Ihnen zurzeit zu schaffen machen – und solche, die mit Sicherheit noch auf Sie zukommen werden.

2.
Reden und zuhören

Ein Gespräch mit den Eltern scheint das Einfachste und Natürlichste der Welt zu sein. Schließlich haben Sie Ihr ganzes Leben lang mit ihnen gesprochen. Deshalb hört es sich auch etwas übertrieben an, wenn wir Ihnen empfehlen, ein wichtiges Gespräch mit einem bestimmten Ziel im Hinterkopf zu führen. Aber wenn Sie ein Gespräch dieser Art nicht sorgfältig planen, werden Sie vielleicht unnötig für Aufregung sorgen und alle positiven Ergebnisse einer möglicherweise fruchtbaren Unterhaltung zunichte machen. Aus diesen Gründen wollen wir hier einige Regeln vorstellen, die Sie berücksichtigen sollten, wenn Sie sich auf ein Gespräch mit Ihren Eltern vorbereiten.

1. Sie bestimmen, in welchem Tonfall das Gespräch verlaufen wird

Wie ein Gespräch mit Ihren Eltern verlaufen wird, hängt sehr stark von Ihrem Gefühlszustand ab. Wenn Sie ruhig bleiben, erhöht dies die Wahrscheinlichkeit, dass jeder dem anderen zuhört, die Beteiligten nicht vom Thema des Gesprächs abkommen und mehr oder weniger sachbezogen geantwortet wird. Wenn Sie dagegen nervös sind und zu schreien anfangen oder nicht mit Ihren Eltern reden, sondern nur auf sie *ein*reden und ihnen Vorwürfe machen, werden sie vermutlich zurückschreien, zu weinen beginnen oder sich auf eine andere Art aufregen. Und wenn das passiert, ist eine sinnvolle Kommunikation nicht mehr möglich.

25

2. Reden Sie nicht so viel, hören Sie lieber zu

Um Ihre Eltern an der Lösung des anstehenden Problems zu beteiligen und ihre Wünsche und Bedürfnisse zu erfüllen, müssen Sie herausfinden, was sie empfinden, brauchen und wollen. Das gelingt Ihnen am besten, wenn Sie ihnen Fragen stellen und zuhören, was sie zu sagen haben. Den Eltern einfach vorzuschreiben, was *Ihrer* Meinung nach getan werden muss, ist der falsche Weg.

3. Hören Sie aktiv zu

Wenn Ihre Eltern reden, sollten Sie nicht nur auf ihre Worte hören. Ihre Körpersprache kann etwas ganz anderes aussagen als das, was sie Ihnen gerade erzählen. Achten Sie darauf, was sie Ihnen durch Gesten, Gesichtsausdruck, Haltung, Blickkontakt und Tonfall mitteilen. Ein Beispiel: Nehmen wir an, dass Sie Ihre Mutter gerade in ein Pflegeheim gebracht haben. Obwohl Sie sicher sind, dass es ihr sehr schwer fällt, versucht Ihre Mutter nun, Sie (und sich selbst) durch Kommentare wie »Mir geht es gut!« und »Du brauchst dir keine Sorgen zu machen, es kommt schon alles wieder in Ordnung!« zu beruhigen. Das hört sich zwar sehr tröstlich an, aber wie beunruhigt Ihre Mutter tatsächlich ist, können Sie an Ihrem Tonfall erkennen. Sie sollten nicht auf die Worte, sondern auf den Tonfall reagieren.

4. Verwenden Sie vor allem Ich-Botschaften

Ich-Botschaften sind persönliche Aussagen, die keine Vorurteile, Wertungen oder Ratschläge enthalten. Als Beispiel zwei Ich-Botschaften, mit denen Sie ausdrücken können, dass Sie sich Sorgen machen: »Mutter, ich bin sehr beunruhigt darüber, dass du nichts mehr essen willst«, und: »Vater, es macht mich rasend, wenn du das Geld, das ich dir gebe, einfach so ausgibst und hinterher nicht mehr weißt, wofür.«
Ich-Botschaften vermitteln etwas ganz anderes als Du-Botschaften, die häufig Schuld zuweisen oder Wertungen enthalten. Auf Du-Botschaften reagieren die meisten Menschen mit einer zorni-

26

gen, abwehrenden Antwort. Angenommen, Ihre Mutter weigert sich, eine Haushaltshilfe in die Wohnung zu lassen. Deshalb haben Sie mehr zu tun, als Ihrer Meinung nach sein müsste. Sie könnten Ihrer Mutter jetzt natürlich mittels einer Du-Botschaft Vorwürfe machen und sagen:»Du bist stur und denkst nur an dich.« Aber das würde sie vermutlich nur verletzen und ärgern und dazu führen, dass jeder von Ihnen seinen Kopf durchzusetzen versucht.

Sie könnten aber auch sagen:»Mutter, ich werde mit dieser Situation nicht mehr fertig. Ich kann mich gar nicht mehr richtig um meine Kinder kümmern, weil ich so viel Zeit bei dir verbringe.« Durch diese Ich-Botschaft (»Mutter, *ich* werde mit dieser Situation nicht mehr fertig ...«) erfolgt keine Schuldzuweisung. Stattdessen lassen Sie Ihre Mutter wissen, wie sich ihr Verhalten auf Sie auswirkt. Es gibt natürlich keine Garantie dafür, dass sich mit einer solchen Botschaft etwas ändern wird. Aber wenn Ihrer Mutter etwas an Ihnen liegt, wird sie wahrscheinlich versuchen, Ihnen zu helfen.

Falls nicht, kann eine energischer klingende Ich-Botschaft erforderlich sein, zum Beispiel:»Ich muss mich um meine Kinder kümmern und kann deinen Haushalt nicht auch noch erledigen. Wenn du in deiner Wohnung bleiben willst, musst du damit einverstanden sein, dass ich dir eine Haushaltshilfe besorge.«

5. Wenn Ihre Eltern Sie schikanieren wollen, sollten Sie sich eine Auszeit nehmen oder mit Du-Botschaften reagieren

Wenn aus einer Diskussion ein Streit wird und alle ihren Gefühlen freien Lauf lassen, kann es vorkommen, dass Ihre Eltern versuchen, Sie einzuschüchtern, indem sie Sie anschreien, Ihnen drohen oder unverschämt und beleidigend werden. Ich-Botschaften zeigen dann wenig Wirkung, da es Ihren Eltern in einer solchen Situation vermutlich egal ist, wie Sie sich fühlen.

In einem solchen Augenblick haben Sie zwei Möglichkeiten: Sie können die Diskussion zum Einen abbrechen. Sagen Sie Ihren Eltern, dass Sie sich nicht mit ihnen streiten werden und erst dann

27

wieder mit ihnen reden, wenn sie sich beruhigt haben. Falls möglich, sollten Sie dann den Raum verlassen.

Sie können es aber auch auf eine Konfrontation mit Ihren Eltern ankommen lassen. Ohne selbst ausfallend zu werden, können Sie Du-Botschaften verwenden, um Grenzen zu setzen. Aussagen wie die folgenden können als Bremse wirken, wenn eine Diskussion in einen handfesten Streit auszuarten droht:

- »So kannst du nicht mit mir reden. Ich bin kein Kind mehr. Das funktioniert nicht mehr.«
- »Vater, du benimmst dich völlig daneben. Hör auf, so zu schreien!«
- »Du kannst vielleicht andere einschüchtern, indem du sie anbrüllst, aber bei mir funktioniert das nicht.«

Es kann sinnvoll sein, dabei aufzustehen und Ihren Eltern ins Gesicht zu sehen. Wenn Sie Ihren Standpunkt verdeutlichen, kann Ihnen das helfen, sich den Respekt zu verschaffen, der Ihnen zusteht.

6. Übernehmen Sie das Kommando, wenn eine Diskussion außer Kontrolle gerät

Bremsen Sie Ihre Eltern, wenn diese allzu sehr in Fahrt kommen, und beruhigen Sie sie, wenn sie sich zu sehr aufregen. Heben Sie die Hand, um ihnen zu signalisieren, dass sie kurz inne halten oder sich etwas Zeit lassen sollten, um ihre Gedanken zu sammeln. Erinnern Sie Ihre Eltern daran, dass sie miteinander reden, um sich über etwas zu einigen, und nicht, um sich gegenseitig zu überbrüllen oder zu beweisen, wer Recht hat und wer nicht. Halten Sie einen Notizblock bereit. Sagen Sie zum Beispiel, »Mutter, ich versuche zu verstehen, weshalb du dir Sorgen machst. Jetzt sag mir noch einmal ganz langsam, was dich bedrückt. Ich werde es mir notieren.« Aber tun Sie das dann auch! Dadurch zeigen Sie Ihren Eltern, dass Sie sie ernst nehmen. Außerdem hilft es Ihnen, sie zu beruhigen und sie wissen zu lassen, dass Sie sie respektieren.

28

7. Behandeln Sie Ihre Eltern nicht herablassend

Unterschätzen Sie die Fähigkeiten Ihrer Eltern nicht. Auch wenn Sie sich sehr intensiv um sie kümmern, sind Sie *nicht* die Mutter oder der Vater Ihrer Eltern. Reden Sie offen und ehrlich mit ihnen, und behandeln Sie sie mit Respekt. Selbst wenn Sie altersbedingt einige Zugeständnisse machen müssen – beispielsweise lauter oder langsamer reden –, dürfen Sie Ihre Eltern nicht wie schwierige oder hilflose Kinder behandeln. Denn wenn Sie das tun, zerstören Sie alle Chancen darauf, einen sinnvollen Dialog mit ihnen zu führen. Genauso destruktiv ist es, ihnen wichtige oder unerfreuliche Informationen vorzuenthalten. Tun Sie das nicht. Es ist verlogen und respektlos.

8. Es kann sein, dass Sie mehrere Rollen auf einmal spielen müssen

Fünf der wichtigsten Rollen, die Sie zu unterschiedlichen Zeiten übernehmen müssen, sind:

Informationsvermittler Ihre Eltern brauchen unter Umständen bestimmte Informationen, um Entscheidungen treffen zu können. Stellen Sie sich darauf ein, dass Sie diese Informationen liefern müssen. Wenn Ihre Eltern beispielsweise darüber nachdenken, ob sie nicht vielleicht eine Pflegekraft einstellen sollten, geben Sie Ihnen eine Liste mit Pflegediensten, von denen Sie wissen, dass sie zuverlässig sind. Sie können auch anbieten, mit einem Pflegedienst zu telefonieren, damit er jemanden bei Ihren Eltern vorbeischickt, der mit ihnen redet.

Schlichter Wenn Ihre Eltern sich über etwas aufgeregt haben, brauchen Sie eventuell jemanden, bei dem sie sich »abreagieren« können. Hören Sie Ihnen geduldig zu und zeigen Sie Verständnis für ihre Gefühle, ohne eine Bewertung abzugeben. Ihre Eltern werden sich wieder beruhigen, wenn sie wissen, dass sie bei Ihnen auf Verständnis treffen. Ein Beispiel: Wenn es Ihrer Mutter peinlich ist, mit Ihnen über ihre Inkontinenz zu sprechen, können Sie ihr zu verstehen geben, dass sie wissen, wie schwer es ihr fällt, persönliche Angelegenheiten zu erörtern, über die sie normalerweise nicht spricht. Wenn Ihre Mutter weiß, dass *Sie* wissen, wie sie sich fühlt, fällt es ihr womöglich leichter, offener zu sein und mit Ihnen über eine mögliche Lösung zu sprechen.

Detektiv Wenn Sie etwas von Ihren Eltern erfahren wollen, müssen Sie in der Lage sein, Fragen direkt zu stellen und die Antworten, die Sie darauf bekommen, nicht zu bewerten. Wenn Sie beispielsweise den Verdacht haben, dass Ihr Vater seine Medikamente nicht genommen hat, fragen Sie ihn danach – aber nicht in anklagendem Ton. Wenn er Ihnen aufrichtig antwortet, bedanken Sie sich, weil er ehrlich zu Ihnen gewesen ist, und zwar auch dann, wenn es eine Antwort war, die Ihnen nicht gefallen hat. Die meisten Menschen neigen dazu, Informationen zurückzuhalten, wenn sie eine negative Reaktion darauf befürchten.

Mutmacher Wenn Ihre Eltern vorzeitig den Mut verlieren, weil sie glauben, dass ein an und für sich lösbares Problem nicht gelöst werden kann, brauchen sie jemanden, der ihnen Mut macht. Erinnern Sie sie daran, dass andere mit ähnlichen Problemen zu kämpfen hatten und sie gelöst haben. Sagen Sie ihnen, wie wichtig es ist, etwas so lange zu versuchen, bis es funktioniert.

Friedensstifter Wenn Ihre Eltern noch zusammenleben, kann es mitunter vorkommen, dass sie nicht sehr gut miteinander auskommen. Einige Paare haben sich noch nie gut verstanden. Andere wiederum reagieren sehr heftig auf Stress. Egal, woran es liegt, Streitereien und Auseinandersetzungen zwischen Ihren Eltern machen es Ihnen noch schwerer. In einer solchen Situation müssen Sie eventuell vermitteln, damit sich Ihre Eltern wieder versöhnen.

Selbst wenn Sie die hier erläuterten Grundlagen beachten, kann es vorkommen, dass Sie und Ihre Eltern an einem toten Punkt angelangt sind. Im nächsten Kapitel stellen wir einige Strategien vor, die Ihnen helfen werden, einen Durchbruch zu erreichen.

3.
Toter Punkt

Wenn Sie und Ihre Eltern an einem toten Punkt angelangt sind, dürfen Sie nicht gleich aufgeben. Wie hoffnungslos die Situation auch sein mag, es gibt *immer* einen Weg, um einen Durchbruch zu erreichen. Häufig brauchen Eltern nur eine Möglichkeit, die es ihnen erlaubt, ihre Meinung zu ändern, ohne das Gesicht zu verlieren. Vielleicht wissen sie ja insgeheim schon, dass Sie Recht haben, aber sie sind in einer Situation gefangen, die nicht einmal sie selbst richtig begründen können. Allerdings müssen Sie sehr feinfühlig vorgehen. Niemand hört gern Kommentare wie »Ich habe es dir ja gesagt« oder »Es wurde aber auch Zeit, dass du vernünftig wirst«.

Im Folgenden erläutern wir einige Strategien, die selbst in schwierigen Situationen helfen können. Mit diesen Strategien verschaffen Sie Ihren Eltern den Spielraum, den sie brauchen, um ihre Meinung zu ändern.

1. Bitten Sie Dritte um Hilfe

Manchmal ist es sinnvoll, einen Dritten um Hilfe zu bitten, dem Ihre Eltern vertrauen und den sie respektieren, beispielsweise einen Freund, einen Verwandten oder auch einen Pfarrer. Dieser kann dann seine Sicht der Dinge vorbringen, was unter Umständen neue Möglichkeiten eröffnet. Ein Beispiel: Wenn Ihre Mutter sich weigert, eine Haushaltshilfe einzustellen, aber dem Pfarrer Ihrer Gemeinde großen Respekt entgegenbringt, könnten ein Besuch und ein entsprechender Vorschlag des Geistlichen sie überzeugen, es doch einmal mit einer Hilfe zu versuchen. Eine solche Vorgehensweise wird ihr auch helfen, ihr Gesicht zu wahren, denn sie kann ja sagen, dass sie nur den Ratschlag des Pfarrers befolge. Wenn ein Nachbar Ihrer Mutter eine zuverlässige Hilfe hat, die beim Einkaufen und Putzen hilft, können Sie ihn bitten, mit Ihrer Mutter zu sprechen. Wenn ihr jemand, den sie kennt, eine bestimmte Person empfiehlt, wird sie sich vielleicht überreden lassen, die Hilfe zumindest einmal für eine Probezeit einzustellen.

2. Geben Sie Ihren Eltern die Möglichkeit, nein zu sagen, damit sie später ja sagen können

Wenn Sie Ihren Eltern die Möglichkeit geben, rückhaltlos ihre Einwände vorzubringen, wird es ihnen vielleicht leichter fallen, später einmal ihre Meinung zu ändern. Nehmen wir an, Ihre Eltern schaffen es einfach nicht mehr, ohne Hilfe in ihrem Haus zu leben, weigern sich aber strikt, in eine Einrichtung für betreutes Wohnen umzuziehen. In einer solchen Situation sollten Sie *nicht* mit Ihnen darüber streiten oder versuchen, sie zu einem Umzug zu überreden. Lassen Sie sie protestieren und hören Sie einfach nur zu.

Wenn Sie mit ihnen darüber streiten, wird das nur die Vorbehalte Ihrer Eltern verstärken und sie noch eigensinniger reagieren lassen. Wenn Sie nicht mit ihnen darüber streiten, entsteht erst gar nicht der Eindruck, dass Sie die treibende Kraft hinter diesem Vorschlag sind – für Ihre Eltern sind Sie dann sozusagen neutral. Mit einer solchen Einstellung geben Sie Ihren Eltern die Möglichkeit, ihren Entschluss noch einmal zu überdenken. Allerdings sollten Sie Ihre Eltern mit Informationsmaterial über einige Einrichtungen, die ihnen gefallen könnten und in Frage kämen, versorgen. Wenn Ihre Eltern über mögliche Alternativen nachdenken können, führt dies vielleicht dazu, dass sie ihre Meinung doch noch ändern.

3. Suchen Sie nach einer Möglichkeit, die Wünsche Ihrer Eltern zu erfüllen und ihnen die Hilfe zu geben, die sie brauchen

Nehmen wir an, Ihr Vater hat Ihre Kinder sehr gern und unternimmt viel mit ihnen. Diese Ausflüge sind meist mit körperlicher Bewegung verbunden – in den Zoo gehen oder Vergnügungsparks besuchen zum Beispiel. Mit zunehmendem Alter strengen ihn diese Tagesausflüge jedoch immer mehr an. Sie können Ihrem Vater helfen, indem Sie Ihren Kindern vorschlagen, nach neuen Aktivitäten zu suchen – wie Minigolf spielen oder ins Kino gehen –, die für Ihren Vater nicht so anstrengend wären, die Kinder aber dennoch interessieren.

4. Nehmen Sie Ihre Eltern beim Wort, um sich etwas Spielraum zu verschaffen

Da Ihre Mutter nach einem Schlaganfall pflegebedürftig ist, wird sie rund um die Uhr von Ihrem Vater versorgt, so dass beide so gut wie keine sozialen Kontakte mehr haben. Der Arzt Ihrer Mutter hat vorgeschlagen, dass sie jeden Tag ein paar Stunden in einer Tagesstätte für Senioren verbringen sollte. Dies würde nicht nur Ihren Vater entlasten, sondern auch neue Möglichkeiten für soziale Kontakte und Anreize geben, von denen Ihre Mutter profitieren würde. Sie findet diese Idee gut. Aber immer, wenn Sie es Ihrem Vater gegenüber erwähnen, sagt er, er sei dagegen, sie dort »abzuladen«. Da Ihr Vater es mit »abladen« gleichsetzt, wenn er Ihre Mutter in der Tagesstätte lässt, könnten Sie vorschlagen, dass er dort seine Mitarbeit als freiwilliger Helfer anbietet.

5. Akzeptieren Sie auch Teillösungen

Manchmal müssen Sie bereit sein, eine Lösung zu akzeptieren, die für Sie nicht die beste ist. Nehmen wir an, Ihre Mutter ist immer sehr stolz darauf gewesen, das Weihnachtsessen für die ganze Familie selbst zu kochen. Aber da sie inzwischen schon etwas gebrechlich ist und die Familie sich stark vergrößert hat, ist die Riesengans, die sie jetzt für das Weihnachtsessen braucht, zu schwer für sie. Ihnen wäre es am liebsten, wenn *Sie* die Gans zubereiten könnten, aber Sie wissen, dass Ihrer Mutter das nicht gefallen würde. Sie könnten ihr also anbieten, die Gans für sie zu tragen und zu heben, während sie die Zubereitung und das Braten übernimmt. Auf diese Weise kann nichts passieren, und Ihre Mutter fühlt sich nicht in ihrem Stolz verletzt.

6. Machen Sie aus einem scheinbaren Nachteil einen Vorteil

Wenn Ihre Eltern scheinbar alle Trümpfe in der Hand haben und es Ihnen partout nicht gelingen will, sie von etwas zu überzeugen, was in ihrem eigenen Interesse wäre, sollten Sie aus Ihrer Schwäche eine Stärke machen. Ändern Sie Ihre Strategie und verwenden Sie eine Aussage wie diese: »Mutter, Vater, es gibt nichts, was ich noch sagen könnte. Ihr habt das Recht darauf, das zu tun, was ihr wollt. Dagegen komme ich nicht an.« Manchmal gelingt es, eine emotionale Reaktion hervorzurufen und damit einen toten Punkt zu überwinden, wenn man die eigene Niederlage eingesteht.

7. Erläutern Sie, welche Konsequenzen das Verhalten Ihrer Eltern für Sie hat

Wenn Ihre Eltern nicht nachgeben wollen, sollten Sie ihnen sagen, dass sich ihre Entscheidung auch auf Sie auswirkt. Wenn Ihr Vater sich weigert, Medikamente gegen seinen Bluthochdruck zu nehmen, könnte dies nicht nur für ihn, sondern auch für Sie Folgen haben. Denn wenn er einen Schlaganfall bekommt, würde sich Ihre Arbeitsbelastung noch weiter erhöhen. Ein Arzt kann zwar die Behandlung eines Patienten abbrechen, wenn dieser uneinsichtig und nicht kooperativ ist, aber Sie können Ihre Eltern nicht einfach im Stich lassen, wenn diese ein schlechtes Urteilsvermögen an den

Tag legen. Doch wenn Sie ihnen sagen, dass es auch Folgen für *Sie* hat, falls sie sich weigern, vernünftig zu sein, werden sie vielleicht über ihr Verhalten nachdenken.

8. Zeigen Sie Ihren Eltern, wie viel sie Ihnen bedeuten

Sie sollten sich unter Umständen eine bewährte Vorgehensweise der Anonymen Alkoholiker zunutze machen: Wenn ein Alkoholiker standhaft leugnet, dass er ein Alkoholproblem hat, wird seine Familie häufig zum Eingreifen aufgefordert. Familienmitglieder und Freunde treffen sich mit ihm, ohne dass der Alkoholiker darüber informiert wird, und konfrontieren ihn dann mit Erzählungen darüber, wie sein Alkoholkonsum sein Leben und das ihre verändert hat. Ein solches Treffen, bei dem alle sagen, wie besorgt sie sind, und ihre Unterstützung anbieten, macht einem Alkoholiker manchmal klar, dass er Hilfe braucht.

Bei Ihren Eltern könnte ein Treffen dieser Art ebenfalls sinnvoll sein. Obwohl ein solches Vorgehen ziemlich extrem zu sein scheint, sollten Sie nicht davor zurückschrecken, wenn die Situation verfahren ist und dringend eine Lösung gefunden werden muss.

9. Flüstern Sie, bevor Sie schreien

Beim Versuch, eine festgefahrene Diskussion wieder in Gang zu bringen, sollten Sie es zunächst mit zurückhaltenden, »sanften« Strategien probieren, also Informationen besorgen oder Ihre Bedenken in Form von Ich-Botschaften mitteilen. Ein Beispiel: »Mutter, wenn du nicht richtig isst, mache ich mir Sorgen!« Falls diese Strategien keine Wirkung zeigen, sollten Sie zur nächsten Stufe übergehen, also zum Beispiel ein Familientreffen einberufen oder Angehörige bitten einzugreifen. Nützt auch das nichts, dann wird Ihnen nichts anderes übrig bleiben, als die zuständigen Behörden oder Einrichtungen zu verständigen. Aktionen dieser Art sind jedoch der letzte Ausweg und erst dann gerechtfertigt, wenn alle anderen Versuche fehlgeschlagen sind.

Bevor Sie weiterlesen, sollten Sie sich bewusst machen, dass Probleme wie diese auch einen Einfluss darauf haben, wie es Ihnen *geht. Im nächsten Kapitel zeigen wir Ihnen, wie Sie sich bei der Betreuung Ihrer Eltern verhalten sollten, um keinen Zusammenbruch zu erleiden.*

4.
R.E.T.T.U.N.G.

In diesem Kapitel geht es nicht darum, wie Sie Ihren Eltern helfen oder Ihre Bedürfnisse mit denen Ihrer Eltern in Einklang bringen können. Wir wollen uns stattdessen auf Sie selbst konzentrieren – und wie Sie es trotz der schwierigen Situation schaffen, nicht die Nerven zu verlieren. Unsere Ratschläge haben wir mit dem Akronym R.E.T.T.U.N.G. zusammengefasst. Die nachfolgenden Tipps werden Ihnen helfen, bei der Lösung von Problemen mit Ihren Eltern ruhig zu bleiben.

*R*eagieren Sie gelassen

Bis auf die wenigen Augenblicke, in denen eine echte Gefahr für das Leben und die Sicherheit Ihrer Eltern besteht, ist das Problem, mit dem Sie zu kämpfen haben, meist kein echter Notfall. Sie *glauben* vielleicht, dass die Lage überaus schwierig und kompliziert ist, aber bei näherer Betrachtung wird sich das als falsch erweisen. Es ist wichtig, dass Sie herausfinden, warum Sie sich solche Sorgen machen. Häufig werden Sie dann feststellen, dass die scheinbare Dringlichkeit lediglich aus unrealistischen Erwartungen Ihrerseits oder der Frage, was andere denken werden, herrührt.

Auch Ihre Eltern sind vielleicht der Meinung, dass sie ein großes Problem haben, obwohl dem gar nicht so ist. Ein Beispiel: Ihre Mutter, die gern liest, gerät in Panik, weil ihr Sehvermögen immer mehr nachlässt. Wenn Ihnen nun der Augenarzt Ihrer Mutter versichert, dass sie nicht blind werden wird, sollten Sie auf ihn hören. Tun Sie alles nur Mögliche, damit Ihre Mutter weiter Bücher lesen kann (oft hilft schon der Kauf eines Vergrößerungsglases), aber lassen Sie sich nicht von ihrer Panik anstecken.

Wenn Sie fürchten, Ihre Objektivität zu verlieren, sollten Sie sich selbst ermahnen, ruhig und gelassen zu bleiben. Und falls sich die Gemüter allzu sehr erhitzen, sollten Sie – wenn Sie können – im wahrsten Sinne des Wortes weglaufen. Ist das nicht möglich, sollten Sie sich eine »emotionale Pause« gönnen. Fragen Sie sich, warum Ihnen dieses Problem so viel Kopfzerbrechen bereitet, und versuchen Sie, Ihre Bedürfnisse von denen Ihrer Eltern zu trennen.

Erkennen Sie, wo Ihre Grenzen liegen.

Bei jedem Menschen liegen die Grenzen woanders. Ihre Grenzen werden vielleicht in Stunden (»Ich kann meiner Mutter heute nur eine Stunde meiner Zeit widmen.«) oder in Geduld (»Ich werde meinen Eltern noch *einmal* meine Hilfe anbieten; wenn sie dann wieder nein sagen, werde ich sie nicht mehr fragen.«) bemessen. Egal, wo Ihre Grenzen sind – respektieren Sie sie.

Darüber hinaus sollten Sie sich selbst daran erinnern, dass das, was *möglich* ist, nicht immer auch *machbar* ist. Eigentlich wollen Sie jede verfügbare Minute mit Ihrem Vater verbringen, der vor kurzem Witwer geworden ist. Aber Sie haben einen Mann, zwei Kinder und einen Job. Sie *können* einfach nicht alles tun, was Sie gern tun würden. Manchmal muss es eben etwas weniger sein.

Wenn Sie etwas festgelegt haben, sollten Sie sich nicht davon abbringen lassen. Wenn Sie beispielsweise sagen, »Vater, ich komme heute gegen zwölf zu dir und bleibe bis zwei Uhr. Länger geht leider nicht, weil ich Linda von der Schule abholen muss«, dann sollten Sie auch unbedingt um zwei Uhr wieder gehen.

Wenn Sie selbst nicht mehr in der Lage sind, etwas für Ihre Eltern zu tun, worauf sie angewiesen sind, sollten Sie jemanden suchen, der diese Aufgabe übernehmen kann. Ein Beispiel: Ihre Mutter fühlt sich einsam, aber Sie können sie nicht so oft besuchen, wie sie es gern hätte. In diesem Fall bitten Sie eben andere, sie zu besuchen.

Trauen Sie sich, ehrlich zu sein

Sagen Sie offen und ehrlich, wie Sie sich fühlen. Selbstaufopferung ist fehl am Platz und völlig sinnlos. Wenn Sie »Nein, danke, ich schaffe das schon!« sagen, obwohl Sie es eben *nicht* allein schaffen, führt das bei Ihnen zu Frustration und bei anderen zu Verwirrung.

Trauen Sie Ihren Gefühlen

Die Betreuung alt gewordener Eltern ist keine leichte Aufgabe. Gehen Sie davon aus, dass Sie manchmal traurig, wütend oder frustriert sein werden. Wenn Sie Gefühle dieser Art empfinden, sollten Sie der Versuchung widerstehen, sich deshalb etwas vorzuwerfen. Es sind keine Gefühle, die nicht akzeptabel wären. Sie machen ganz im Gegenteil – abhängig von der Situation, in der Sie gerade stecken, und der Beziehung zu Ihren Eltern – durchaus Sinn. Wenn Sie sich noch nie besonders gut mit Ihren Eltern verstanden haben, sollten Sie jetzt nicht erwarten, dass es Ihnen leicht fällt, ihnen zu helfen. Und selbst wenn Sie immer eine sehr enge Beziehung zu ihnen hatten und es Ihnen nichts ausmacht, für ihre Betreuung zu sorgen, sollten Sie damit rechnen, traurig oder wütend zu werden, wenn Sie den allmählichen Verfall Ihrer Eltern miterleben.

Misstrauen Sie allen, die Ihnen sagen, wie Sie sich fühlen *sollten*. »Sie haben Glück, dass Ihre Eltern noch leben und Sie für sie sorgen können.« Oder: »Seien Sie dankbar dafür, dass Sie sich jetzt bei Ihren Eltern für das erkenntlich zeigen können, was sie alles für Sie getan haben.« Aussagen wie diese werten die Gefühle ab, die Sie empfinden. Lassen Sie sich nichts einreden.

Unternehmen Sie nichts ohne Wissen Ihrer Eltern

»Meine Mutter hat zu mir gesagt, dass es ihr zunehmend schwerer fällt, ihre Wäsche zu erledigen«, beklagte sich einmal eine Frau bei uns. »Also habe ich dafür gesorgt, dass ihre Wäsche in die Reinigung kommt. Aber sie weigert sich, ihre Sachen dem Mann, der

39

die Wäsche abholt, zu geben. Und dann ist sie auch noch wütend auf *mich*!« Da sie nicht mit ihrer Mutter über das Problem gesprochen hat, *bevor* sie zur Tat geschritten ist, konnte diese Tochter – die es nur gut gemeint hat – nicht herausfinden, dass das einzige Problem die schwere Flasche mit Waschmittel war, die ihre Mutter nur noch mit Mühe heben konnte.

Was wollen wir Ihnen mit diesem Beispiel verdeutlichen? Finden Sie *immer* heraus, was Ihre Eltern zu einem Problem zu sagen haben. Fragen Sie *immer*, ob (und wie) Sie helfen können. Und bitten Sie *immer* um »Erlaubnis«, bevor Sie irgendetwas tun.

Nutzen Sie sämtliche Ressourcen, die Ihnen zur Verfügung stehen

Nehmen Sie die Hilfe an, die andere Ihnen anbieten. Dies ist besonders dann ratsam, wenn Sie nicht in der Nähe Ihrer Eltern wohnen. (Siehe *Problemlösung aus der Ferne* auf den Seiten 41/42. Wenn jemand Sie fragt, ob Sie Hilfe brauchen, sollten Sie nicht sagen, »Nein, danke, ich schaffe das schon«, sondern: »Ja, danke!« Und dann sagen Sie ihm, wie er Ihnen helfen kann. Je konkreter Sie sind, desto besser. Wenn Ihnen gerade nichts einfällt, merken Sie sich das Angebot für einen späteren Zeitpunkt. Denn dann können Sie immer noch anrufen und sagen: »Sie haben doch einmal gefragt, ob Sie mir helfen können …«

Ihre Geschwister und Verwandten können helfen. Und die Nachbarn und Freunde Ihrer Eltern auch. *Fragen Sie.* Wenn Sie nicht fragen, werden diese Menschen vielleicht nie erfahren, dass Sie ihre Hilfe gut gebrauchen könnten. Es ist immer klüger, um Hilfe zu bitten, *bevor* die Situation kritisch wird.

Versuchen Sie, soziale Einrichtungen und deren Angebote zu nutzen. Zivildienstleistende, Freiwillige im sozialen Jahr oder Mitglieder der Nachbarschaftshilfe können Besorgungen für Ihre Eltern erledigen und sie zu Terminen fahren. Nette Besucher können Abwechslung in lange Tage bringen und Ihren Eltern Gesellschaft leisten. Tagesstätten für Senioren bieten spezielle Programme und Kurse an, die sowohl der Weiterbildung dienen als auch Freizeitbeschäftigung sind. In Einrichtungen zur Tagespflege können Ihre Eltern verschiedene Angebote nutzen und auch dringend benötigte soziale Kontakte pflegen. Widerstehen Sie der Versuchung, alles selbst machen zu wollen. Auf den ersten Blick scheint es zwar einfacher zu sein, sich um alles selbst zu kümmern, aber wenn Sie sich zu viel aufbürden, werden Sie irgendwann mit Sicherheit an einem Punkt angelangt sein, an dem Sie einfach nicht mehr können.

Gehen Sie davon aus, dass Sie Schwierigkeiten bekommen, und planen Sie entsprechend

Egal, wie sorgfältig und genau Ihre Planung ist oder wie gut alles läuft, Sie sollten sich darauf einstellen, dass etwas schiefgehen wird. Ihre Planung kann Fehler haben, die auf den ersten Blick nicht zu erkennen sind. Es kann sein, dass sich bei Ihren Eltern etwas ändert. In beiden Fällen sollten Sie sich die Zeit nehmen, vorausschauend zu handeln und mit Problemen zu rechnen. Sorgen Sie für einen Ersatzplan.

Problemlösung aus der Ferne

Wenn Sie nicht in der Nähe Ihrer Eltern wohnen und sich aus der Ferne um sie kümmern, stellt Sie das vor besondere Schwierigkeiten. Selbst ein kleines, kurzfristiges Problem kann Ihr Leben im Chaos versinken lassen. Wenn eine intensivere Betreuung Ihrer Eltern erforderlich ist, scheint dies zunächst eine unüberwindliche Aufgabe zu sein. Aber verlieren Sie nicht den Mut. Sehen Sie es einfach als ein weiteres Problem an, das gelöst werden muss – systematisch und vernünftig.

Zunächst müssen Sie die Faktoren identifizieren, die bei einer Entscheidung zu berücksichtigen sind. Als Nächstes gehen Sie die verschiedenen Möglichkeiten durch und finden heraus, welche Ressourcen Ihnen dafür zur Verfügung stehen.

41

Faktoren, die berücksichtigt werden müssen

Obwohl Ihre erste Reaktion vielleicht darin bestehen wird, ins Auto oder in das nächste Flugzeug steigen zu wollen, sollten Sie zunächst prüfen, ob Sie physisch anwesend sein müssen, um Ihren Eltern zu helfen, oder ob Sie eine entsprechende Betreuung auch von zu Hause aus organisieren können. Falls kein akuter Notfall vorliegt, sind die Chancen recht gut, dass ein paar gezielte Anrufe – beim Arzt Ihrer Eltern, bei Nachbarn, Verwandten, die in der Nähe wohnen, sozialen Einrichtungen – ausreichen werden. Es sieht vielleicht herzlos aus, nicht sofort alles liegen und stehen zu lassen und zu den Eltern zu eilen. Aber wenn dies mit vielen Schwierigkeiten verbunden ist, kann es sinnvoller sein, zu Hause zu bleiben. (Hüten Sie sich davor, in Denkmuster zu verfallen, nach denen Sie physisch bei Ihren Eltern anwesend sein müssen, um als »gutes« Kind zu gelten.)

Als Nächstes analysieren Sie die Art des Problems und stellen fest, wie viele Besuche bei Ihren Eltern notwendig sein werden. Wenn Ihre Eltern beispielsweise in eine Anlage für betreutes Wohnen ziehen und am Umzugstag Ihre Hilfe brauchen, reicht eventuell ein Aufenthalt von ein bis zwei Tagen aus. Aber wenn Sie aufgrund einer schwierigen Situation mehrmals zu Ihren Eltern müssen, sollten Sie sich fragen, ob Sie nicht besser jemand anderen damit beauftragen.

Fragen Sie sich, ob
- Sie es sich leisten können, mehrere Besuche bei Ihren Eltern zu machen, wobei Sie sowohl die Kosten als auch Fahr-/Flugzeiten berücksichtigen sollten
- Ihre Familie längere Abwesenheiten tolerieren wird
- Sie beruflich überhaupt die Möglichkeit dazu haben

Wenn Sie diese Fragen nicht alle mit ja beantworten können, sind Sie nicht die richtige Person, um Ihren Eltern bei der Lösung des Problems zu helfen. Bitten Sie einen Verwandten oder Freund Ihrer Eltern, der in ihrer Nähe wohnt und nicht so viele Verpflichtungen hat wie Sie, um Hilfe. Wenn niemand verfügbar ist, können Sie auf professionelle Angebote zurückgreifen, die Dienstleistungen für Senioren anbieten.

Mit diesen Tipps für Ihre R.E.T.T.U.N.G. – und dem Modell zur Problemlösung, das wir im nächsten Kapitel vorstellen – haben Sie die Werkzeuge an der Hand, die Sie brauchen, um nicht nur Ihren Eltern, sondern auch sich selbst zu helfen.

DAS MODELL

Lösen Sie die Probleme, die Sie in den Wahnsinn treiben

Wenn Sie mit einer Situation konfrontiert werden, die Sie in den Wahnsinn zu treiben droht, kann dies Ihre Gefühle erheblich beeinflussen. In solchen Zeiten wird es Ihnen vielleicht schwerfallen, sich auf die Lösung des Problems zu konzentrieren. Vorausschauendes Denken und eine Liste mit den wichtigsten Punkten – wie bei einem geschäftlichen Treffen, auf das Sie sich gründlich vorbereit haben – werden Ihnen helfen, Ihr Ziel nicht aus den Augen zu verlieren.

Das von uns verwendete Modell zur Problemlösung setzt sich aus zwei Teilen zusammen. Der erste Teil besteht aus sechs Fragen, die Ihnen helfen sollen, das Problem, mit dem Sie konfrontiert werden, zu analysieren. Der zweite Teil enthält sechs Schritte, um dieses Problem zu lösen.

In diesem Abschnitt des Buches stellen wir Ihnen das Basismodell vor. Im nächsten Abschnitt werden wir es auf 25 Probleme anwenden, mit denen Kinder von Eltern in fortgeschrittenem Alter am häufigsten zu kämpfen haben. Wenn Sie sich in einer Situation befinden, die wir im Abschnitt *Die Probleme* nicht angeführt haben, gibt Ihnen das unten erläuterte Modell dennoch die Werkzeuge an die Hand, die Sie brauchen, um zu einer Lösung zu gelangen.

So analysieren Sie das Problem

Egal, mit welchem Problem Sie konfrontiert werden – Sie müssen erst einmal ein paar grundlegende Fragen beantworten, bevor Sie versuchen, es zu lösen.

1. Sind sich alle darüber einig, dass ein Problem vorliegt?

Wenn Sie und Ihre Eltern zusammenarbeiten wollen, um ein Problem zu lösen, müssen sich zuerst alle darüber einig sein, dass es ein Problem gibt. Denn sonst ist eine für alle annehmbare Lösung ein Ding der Unmöglichkeit. Manchmal ist es sehr einfach, ein Problem zu erkennen. Wenn Ihr Vater jeden Tag mehrmals stürzt, wird kaum jemand leugnen, dass ein Problem vorliegt.

Häufig ist es jedoch ziemlich schwierig, sich darüber zu verständigen, dass es ein Problem gibt. Sie glauben, dass ein Problem vorliegt, Ihre Eltern jedoch nicht. Ein Beispiel: Sie haben in letzter Zeit bemerkt, dass sich am Verhalten Ihrer Mutter etwas geändert hat. Sie scheint zeitweilig verwirrt zu sein und spricht manchmal etwas undeutlich. Immer, wenn Sie dies ihr gegenüber ansprechen, sagt Ihre Mutter, Sie würden aus einer Mücke einen Elefanten machen. Obwohl Ihnen Ihre Mutter versichert, dass es ihr gut gehe, könnte etwas an der Sache dran sein. Jetzt haben Sie zwei Möglichkeiten: Sie können es auf eine Konfrontation mit Ihrer Mutter ankommen lassen oder abwarten, was passiert.

Manchmal besteht ein Problem einfach nur darin, dass zwei Menschen unterschiedliche Ansichten haben. Eine Frau erzählte uns, dass sie ständig mit ihrer 91-jährigen Mutter stritt, weil diese große Mengen Eiskrem und nur wenig Obst und Gemüse aß. Der Arzt der Mutter hatte an deren Gesundheitszustand, Gewicht und Ernährungsgewohnheiten jedoch nichts auszusetzen, und die Mutter genoss es sichtlich, das zu essen, was ihr schmeckte. Das einzige »Problem« bestand darin, dass diese Art der Ernährung nicht den Vorstellungen der Tochter entsprach.

2. Wie dringend ist das Problem wirklich?

Echte Krisen, bei denen es um Leben und Tod geht, verlangen sofortiges Handeln. In einem solchen Fall muss das einfach sein. Aber sie dauern selten lange genug, um Sie in den Wahnsinn treiben zu können. Wenn Sie mit einem Problem konfrontiert werden, das dringend zu sein *scheint*, sollten Sie sich zuerst fragen: »Was passiert, wenn ich nichts tue?« Die Antwort wird vermutlich lauten: »Nichts Schlimmes – zumindest nicht gleich.« Machen Sie sich ein Motto zu Eigen, nach dem auch Ärzte handeln: »Tu vor allem nichts, was die Lage verschlimmert.« Nehmen Sie sich Zeit zum Nachdenken.

Wie lange sollten Sie warten, bis Sie etwas unternehmen? Das kommt ganz darauf an. Manchmal können Sie es sich nicht leisten, lange zu warten. Wenn Ihr Vater trotz seines hohen Alters noch darauf besteht, selbst am Steuer seines Wagens zu sitzen, und dadurch zu einem Verkehrsrisiko wird, werden Sie sicher nicht warten wollen, bis er einen Unfall hat oder jemanden anfährt. Sie müssen ihn sofort mit diesem Problem konfrontieren. In diesem Fall können Sie nur so lange warten, bis Sie einen guten Plan ausgearbeitet haben.

Wenn Ihr Vater dagegen ein Problem hat, das weniger dringend ist, kann es unter Umständen sinnvoller sein, einfach abzuwarten, was passiert. Angenommen, er lebt allein und kommt ganz gut zurecht, obwohl sein Sehvermögen deutlich nachlässt. Sie sind der Meinung, er wäre in einer Einrichtung für betreutes Wohnung besser aufgehoben, aber er möchte nicht umziehen. Er ist mit seiner Umgebung vertraut und die alltäglichen Verrichtungen fallen ihm nicht besonders schwer. Da er zurzeit in der Lage ist, mit der Situation fertig zu werden, besteht die Lösung des Problems darin, einfach abzuwarten. Greifen Sie nur ein, wenn sich sein Sehvermögen so weit verschlechtert, dass er seinen Alltag nicht mehr allein bewältigen kann. Egal, wie gut Sie es meinen, jede voreilige Aktion Ihrerseits – wenn Sie Ihren Vater beispielsweise zu einem Umzug zwingen würden, bevor er selbst damit einverstanden ist, oder darauf bestehen, dass er zu Ihnen zieht – wird mit ziemlicher Sicherheit mehr Probleme verursachen als lösen.

49

3. Was steckt hinter dem problematischen Verhalten Ihrer Eltern?

Um den Gewohnheiten und Verhaltensweisen Ihrer Eltern entgegenwirken zu können, müssen Sie verstehen, warum sie sich so verhalten. Wenn Ihr greiser Vater sich beispielsweise weigert, mit dem Autofahren aufzuhören, hat dies vermutlich etwas mit Selbstachtung und Unabhängigkeit zu tun. Würde er aufhören, Auto zu fahren, dann würde seine Welt kleiner werden und er wäre von anderen abhängig. Angesichts der Bedeutung, die Autofahren für ihn hat, wird das, was man zunächst für Starrsinn halten könnte, verständlich.

Um zuzugeben, dass ein Problem existiert, müssen Ihre Eltern akzeptieren können, dass sie älter werden, und verstehen, dass es deshalb bestimmte Grenzen für sie gibt. Können sie dies nicht, gibt es nur eine Alternative: Sie müssen leugnen, das sich etwas geändert hat. Wenn Sie in das Unterbewusstsein Ihrer Eltern sehen könnten, würden Sie vermutlich folgende Denkmuster finden:

- Wenn ich nicht zugebe, dass ich ein Problem habe, gibt es das Problem nicht.
- Wenn ich keine Hilfe akzeptiere, brauche ich auch keine.

Diese Art der Argumentation mag zwar unlogisch sein, aber sie ist weit verbreitet und kommt gewöhnlich dann zum Tragen, wenn andere nicht verstehen können, warum sich ein älterer Mensch so vehement gegen etwas wehrt.

Wenn Eltern Hilfe akzeptieren, kann dies für sie unter anderem Folgendes bedeuten:

Sie müssen sich eingestehen, dass es mit ihnen körperlich bergab geht. Eine ältere Frau, die nur noch sehr unsicher gehen kann, weigert sich unter Umständen, einen Rollstuhl zu benutzen, weil sie dann nämlich vor sich selbst zugeben müsste, dass sie nicht mehr so mobil ist wie früher.

Sie müssen zugeben, dass sie manche Dinge nicht mehr so gut erledigen können wie früher. Ihre Eltern weigern sich vielleicht, eine Haushaltshilfe einzustellen, weil dies bedeuten könnte, dass sie nicht mehr für sich selbst sorgen können und auch die Familie nicht in der Lage ist, ihnen zu helfen.

Sie müssen die Möglichkeit in Erwägung ziehen, dass sie gesundheitliche Probleme haben. Eine alte Frau geht vielleicht nicht zum Arzt – obwohl alle Anzeichen dafür sprechen, dass es notwendig ist –, weil sie dann nicht mehr in der Lage wäre, ihre schwer wiegenden gesundheitlichen Probleme zu verleugnen.

Im Folgenden erläutern wir einige gängige psychologische Abwehrmechanismen, die Ihre Eltern womöglich verwenden werden, um die Existenz eines Problems zu verleugnen. Wenn Sie Mechanismen dieser Art erkennen und die Verwundbarkeit und Angst, die von ihnen verdeckt werden, respektieren, werden Sie mit dem Versuch, Ihren Eltern zu helfen, wahrscheinlich mehr Erfolg haben.

Leugnen ist die Behauptung, dass es gar kein Problem gibt. Es werden nur Informationen, die diese Auffassung unterstützen, als zulässig erachtet. Informationen, die dem widersprechen, werden einfach ignoriert oder als unwichtig abgetan. Ein Mann weigerte sich, seine Frau zu einem Arzt zu bringen, obwohl sie eindeutige Symptome für Demenz zeigte, unter anderem Gedächtnisverlust und auffällige Verhaltensweisen. Warum? Weil er Angst hatte. Solange er glauben konnte, dass sich nichts geändert hatte, dass der Zustand seiner Frau nicht kritisch war und dass weder sie noch er Hilfe brauchten, *existierte* kein Problem.

Bagatellisierung ist ein partielles Leugnen. Wenn Ihre Eltern ein Problem bagatellisieren, machen sie sich selbst vor, dass ihr Zustand oder die Situation, in der sie sich gerade befinden, nicht ernst ist. In diesem Fall bekommen Sie Sätze wie diese zu hören:
- »Ich habe dir nichts von den Schmerzen in der Brust gesagt, weil es nicht so schlimm war. Außerdem wollte ich nicht, dass du dir Sorgen machst.«
- »Wieso regst du dich so auf? Die Summe, die ich dem Mann von der Wohltätigkeitsorganisation gegeben habe, war doch gar nicht der Rede wert.«

51

Wenn Ihre Eltern so etwas sagen, verschaffen sie sich damit ein falsches Gefühl der Sicherheit und die Illusion, dass das Problem nur halb so schlimm sei.

Rationalisierung ist der Versuch, mit einer vernünftig klingenden Erklärung die Verantwortung für etwas von sich abzuwälzen. Wenn Ihre Mutter sagt, sie sei ausgerutscht, »weil der Fußboden so nass war«, verschweigt Sie Ihnen damit die Tatsache, dass sie gestürzt ist, weil sie so unsicher geht. Wenn Ihr Vater erklärt, er habe einen Unfall gehabt, weil »die anderen zu schnell gefahren sind«, ignoriert er, dass seine Fahrweise an dem Unfall schuld gewesen sein könnte. Erklärungen, mit deren Hilfe man das Gesicht wahrt und die erfunden werden, nachdem etwas passiert ist, ersparen es Ihren Eltern, sich mit Tatsachen beschäftigen zu müssen, die sie ignorieren wollen.

Die Entscheidungen Ihrer Eltern hängen von ihren Denkmustern ab und sind auch Ausdruck ihrer Bedürfnisse und Wertvorstellungen. Entscheidungen, die auf den ersten Blick unlogisch erscheinen, machen plötzlich mehr Sinn, wenn Sie nachvollziehen können, welche Gedankenprozesse Ihre Eltern dabei durchlaufen haben. (In *Die Wahrheit über »unlogische« Entscheidungen* auf den Seiten 56/57 wird ein solcher Prozess vorgestellt.)

4. In welche emotionale Falle sind Sie getappt?

Dieser Teil der Problemanalyse ist mitunter recht schwierig. Ein Problem wird Sie vor allem dann frustrieren, wenn es eine emotionale Falle gibt, die dafür sorgt, dass Sie Ihre Objektivität verlieren. Ein Beispiel: Wenn Sie sich darüber ärgern, dass Ihre Eltern nicht zu Ihnen ziehen möchten, sollten Sie sich fragen, welche Bedürfnisse durch einen Umzug in Ihr Haus erfüllt werden sollen – Ihre eigenen oder die Ihrer Eltern?

Wir wollen damit nicht sagen, dass die Probleme, über die wir schreiben, nicht ernst sind. Sie sind es, vor allem dann, wenn es um Gesundheit, Sicherheit und Lebensqualität Ihrer Eltern geht. Aber wenn Sie sich – gemessen am Ernst der Lage – zu viele Sorgen machen, sind Sie in eine emotionale Falle getappt, die Ihnen eine objektive Sicht der Dinge verwehrt.

Die am weitesten verbreiteten emotionalen Fallen bei der Betreuung von Eltern sind:

Die Rettungsfalle Einige Kinder sind der Meinung, dass sie alle Probleme ihrer Eltern lösen können und auch lösen müssen. Es kommt zum Beispiel vor, dass eine Tochter nicht in der Lage ist, die unheilbare Krankheit ihres Vaters oder ihrer Mutter zu akzeptieren. Daher setzt sie Himmel und Hölle in Bewegung und vernachlässigt ihre eigenen Bedürfnisse, um ein Heilmittel gegen die Krankheit zu finden. Sind ihre Bemühungen erfolglos, fühlt sie sich schuldig.

Manchmal glaubt ein erwachsenes Kind, verpflichtet zu sein, die Eltern vor sich selbst zu retten. Die Tochter alkoholkranker Eltern beispielsweise wird ihre Ehe, ihre Gesundheit und ihre Karriere riskieren, um ihren Eltern zu helfen, obwohl diese nicht den geringsten Versuch unternehmen, sich selbst zu helfen.

Die Gutes-Kind-Falle Wenn Sie und Ihre Geschwister schon immer einen heftigen Konkurrenzkampf um die Zuneigung Ihrer Eltern geführt haben, wird einer oder eine von Ihnen vermutlich die Rolle des »guten« Kindes übernehmen. Bei Auseinandersetzungen darüber, wie ein Problem zu lösen ist, wird das »gute« Kind zum Fürsprecher der Eltern und versucht, diese vor dem »bösen« Bruder oder der »bösen« Schwester zu schützen. Wenn Ihr »böser« Bruder beispielsweise Anstalten macht, Ihre greise Mutter in ein Pflegeheim einweisen zu lassen, werden Sie als »gutes« Kind sagen: »Du brauchst dir keine Sorgen zu machen, Mutter, ich werde nicht zulassen, dass er dich ins Heim abschiebt.« Wenn so etwas passiert, werden die Bedürfnisse Ihrer Eltern zweitrangig, da es vor allem um Rivalitäten zwischen Ihnen und Ihren Geschwistern geht. (Ironischerweise kann es vorkommen, dass Ihre Eltern Sie und Ihre Geschwister unbewusst gegeneinander ausspielen und Ihnen eine bestimmte Rolle innerhalb der Familie aufzwingen.)

Die Was-werden-die-Leute-denken?-Falle Manchmal steht man unter dem Druck, den Eltern helfen zu *müssen*, weil man sich

Sorgen darüber macht, was wohl die anderen Leute denken werden. Wenn Ihre Eltern glücklich und zufrieden in einer kleinen Wohnung in nicht ganz so idealen Verhältnissen leben, gibt es für Sie keinen Anlass, auf Änderungen zu drängen. Lediglich die Angst davor, dass andere sie für verantwortungslos halten, weil Sie Ihren Eltern »erlauben«, so zu leben, beeinträchtigt ihr Urteilsvermögen.

5. Wer muss an der Problemlösung beteiligt werden?

Wenn Sie versuchen, ein ernstes Problem zu lösen, müssen alle, die davon betroffen sein könnten, gefragt werden, vor allem die Personen, die Einspruch einlegen können oder so viel Macht haben, dass sie Ihre Pläne sabotieren und Ihnen das Leben schwer machen können. Selbst Geschwister, die sich bis jetzt kaum um die Betreuung der Eltern gekümmert haben, sollten um Mithilfe gebeten werden.

Es ist verlockend, bestimmte Personen von Diskussionen zur Lösung eines Problems von vornherein auszuschließen. Denn je weniger Menschen daran beteiligt sind, desto einfacher ist es manchmal, sich auf etwas zu einigen. Aber Sie müssen alle, die etwas mit der Lösung des Problems zu tun haben könnten, (finanziell oder auf eine andere Art), in Ihre Überlegungen miteinbeziehen. Wenn Sie das nicht tun, werden die Übergangenen Sie hinterher kritisieren, Ihren Plan sabotieren oder Ihnen vorwerfen, dass Sie die Situation manipuliert hätten, um sich einen Vorteil zu verschaffen oder sich zu bereichern. Dies schließt auch den neuen (Ehe-)Partner Ihres Vaters oder Ihrer Mutter oder andere Personen aus ihrer nächsten Umgebung ein – jeden, der gegen Ihre Entscheidung mit juristischen Mitteln vorgehen oder einfach sagen kann: »Nein, das werde ich nicht tun« oder »Nein, das werde ich nicht zulassen«.

Besonders wichtig ist die Diskussion mit allen Beteiligten, wenn die Gefahr besteht, dass sich Ihre Eltern einer Entscheidung widersetzen werden. Alt gewordene Eltern, die Uneinigkeit unter ihren Angehörigen spüren, reagieren oft mit einer Strategie des »Teilens und Herrschens«. Wenn Ihre Eltern Angst haben und sich in die Ecke gedrängt fühlen, werden sie vielleicht einen Mangel an Einigkeit unter Ihnen und Ihren Helfern ausnutzen, um ihre eigene Meinung durchzusetzen. Doch wenn ihnen das gelingt, sind unter Umständen sie selbst diejenigen, die unter der Entscheidung zu leiden haben.

6. Welches Ziel haben Sie?

Um Ihr Ziel zu formulieren, müssen Sie festlegen, wie ein erfolgreiches Ergebnis aussehen soll. Anders ausgedrückt: Was wird anders sein, wenn Sie Ihr Ziel erreicht haben? Angenommen, Ihre Mutter hat ihren Haushalt bis jetzt allein geführt. In letzter Zeit ist Ihnen jedoch aufgefallen, dass es bei ihr zu Hause merkwürdig riecht und dicker Staub auf den Möbeln liegt. In dieser Situation besteht Ihr Ziel darin, Ihrer Mutter zu helfen – zum Beispiel, indem Sie ihr beim Putzen helfen oder eine Putzhilfe einstellen –, ohne dabei ihren Stolz zu verletzen.

Die Wahrheit über »unlogische« Entscheidungen

Viele Entscheidungen, die von alt gewordenen Eltern getroffen werden, ergeben für ihre Kinder keinen Sinn. Wenn Sie jedoch versuchen, Entscheidungen aus dem Blickwinkel Ihrer Eltern zu sehen, wird schnell klar, dass sie gar nicht so unlogisch sind.

Wenn Ihre Eltern (oder jemand anders) eine Entscheidung treffen, gehen sie dabei durch einen mehrstufigen Prozess, der so schnell abläuft, dass sie ihn meist gar nicht bewusst wahrnehmen.

1. Beim ersten Schritt stellen Ihre Eltern fest, welche Möglichkeiten sie haben. (»Wir können den Winter auf Mallorca verbringen oder zu Hause bleiben.«)

2. Beim nächsten Schritt legen sie fest, welche Folgen die verschiedenen Möglichkeiten haben und was sie davon halten. (»Wenn wir nach Mallorca fliegen, können wir das milde Klima genießen und lange Spaziergänge am Strand machen. Aber selbst ein kleines Hotelzimmer ist teuer, und gerade dieses Jahr haben wir nicht so viel Geld übrig. Wir wären weit weg von den Kindern, die wir bestimmt vermissen werden. Und in den letzten Jahren sind die Winter bei uns zu Hause immer recht mild gewesen, sodass wir häufig lange Spaziergänge machen konnten.«)

3. Schließlich wägen Ihre Eltern die Vor- und Nachteile gegeneinander ab und treffen dann eine Entscheidung. (»Wahrscheinlich ist es besser, in diesem Winter nicht wegzufahren. Wenn es uns hier dann nicht gefällt, fahren wir eben nächstes Jahr.«)

In unserem Beispiel ist es Ihren Eltern lieber, bei der Familie zu bleiben, als den Winter in wärmeren Gefilden zu verbringen. Außerdem berücksichtigen sie bei ihrer Entscheidung auch, dass die letzten Winter nicht mehr so kalt wie früher gewesen sind. Dagegen sieht Ihr Gedankenprozess vielleicht so aus: Sie liegen lieber in der Sonne, als Ihre Verwandtschaft zu besuchen, außerdem haben Sie die Befürchtung, dass der nächste Winter mörderisch kalt werden wird. Und deshalb halten Sie Ihre Eltern für verrückt, weil sie den Winter nicht im warmen Süden verbringen wollen.

> Wenn Sie diesen Prozess aus dem Blickwinkel Ihrer Eltern durchlaufen und jede Entscheidung Ihrer Eltern auf der Grundlage ihrer Bedürfnisse, Wertvorstellungen und Prioritäten hinterfragen, werden Sie häufig feststellen, dass scheinbar unlogische Entscheidungen meist alles andere als unlogisch oder gar verrückt sind.

So lösen Sie das Problem

Nachdem Sie die sechs Fragen beantwortet haben, die Ihnen bei der Analyse des Problems helfen sollen, besteht der nächste Schritt darin, das Problem zu lösen.

1. Lösungskriterien

Jede vernünftige Entscheidung muss bestimmte Kriterien oder Anforderungen erfüllen. Wenn Sie zum Beispiel ein Auto kaufen, legen Sie fest, ob es eine Limousine oder ein Kabriolett sein soll, ob Sie lieber eine Automatik oder eine Gangschaltung hätten – und so weiter. Auch die Entscheidungen, die Sie für Ihre Eltern treffen, müssen bestimmten Anforderungen genügen. Je genauer Sie diese Kriterien definieren, desto wahrscheinlicher ist es, dass alle mit Ihrer Entscheidung zufrieden sein werden. Folgende Kriterien sind fast immer zu berücksichtigen:

Sicherheit und Gesundheit Ist mit der geplanten Lösung sichergestellt, dass keine Gefahr für Sicherheit und Gesundheit Ihrer Eltern besteht?

Annehmbarkeit Ist die Lösung für Ihre Eltern annehmbar? Sie können nicht damit rechnen, dass Ihre Eltern mit Ihnen zusammenarbeiten, wenn Sie mit der vorgeschlagenen Lösung nicht zufrieden sind. Falls möglich, sollte die Lösung auch alle anderen von diesem Problem Betroffenen zufrieden stellen oder zumindest Raum für Kompromisse lassen.

Durchführbarkeit Ist die Lösung realistisch und in der Praxis durchführbar? Ist sie finanziell und emotional tragbar?

Nicht alle Kriterien sind gleich wichtig. Sicherheit und Gesundheit zum Beispiel wiegen schwerer als die übrigen. Dies sollten Sie bei der Formulierung von Lösungen berücksichtigen.

2. Überlegen Sie sich mehrere mögliche Lösungen

Beziehen Sie Fakten zur jeweiligen Situation, die Bedürfnisse und Wünsche Ihrer Eltern und Ihre eigenen in die Überlegungen mit ein. Identifizieren Sie dann so viele realistische Möglichkeiten zur Lösung des Problems wie möglich, einschließlich solcher, die Kompromisse sind oder Sie Ihrem Ziel ein Stück näher bringen. Nehmen wir an, Ihr Vater hat eine Knieoperation hinter sich und sein Arzt hat ihm gesagt, dass er regelmäßig zur Krankengymnastik muss, damit das Knie beweglich bleibt. Obwohl er weiß, wie ernst die Sache ist, will Ihr Vater kein Geld für ein Taxi ausgeben, das ihn jedes Mal in die Praxis bringt. Eine Lösung könnte darin bestehen, dass die Krankengymnastin zu Ihrem Vater ins Haus kommt. Eine andere Lösung wäre, dass *Sie* das Taxi bezahlen. Möglich wäre auch, dass Sie Ihren Vater zur Krankengymnastik fahren.

3. Analyse der verschiedenen Lösungsmöglichkeiten

Dazu können Sie zum Beispiel eine Tabelle wie jene auf Seite 60 erstellen. (Vermutlich haben Sie solche Tabellen schon einmal für den Kauf eines neuen Haushaltsgerätes oder eines Computers verwendet. Bei Entscheidungen, die Ihre Eltern betreffen, funktioniert diese Art von Tabelle genauso gut.)

1. Der erste Schritt besteht darin, eine Frage zu formulieren, aus der genau hervorgeht, welches Ziel Sie sich gesetzt haben. Ein Beispiel: Wenn sich Ihr Bruder weigert, Ihnen bei der Betreuung Ihrer Eltern zu helfen, muss die Frage lauten: »Wie kann ich

meinen Bruder dazu bringen, mir bei der Betreuung unserer Eltern zu helfen?«

2. Als Nächstes notieren Sie sich auf der linken Seite die Kriterien, die Ihre Lösung erfüllen muss, und zwar in der Reihenfolge ihrer Wichtigkeit (siehe Schritt 1, Seite 57). Dann schreiben Sie quer über die Seite sämtliche möglichen Lösungen (siehe Schritt 2, Seite 58). Falls das Problem, mit dem Sie konfrontiert werden, kein Notfall ist, sollte die erste mögliche Lösung immer »Nichts tun« lauten. Wenn Sie diese Lösung in Ihre Tabelle aufnehmen, erinnert Sie das daran, erst einmal zu überlegen, ob es wirklich eine Verbesserung ist, wenn Sie etwas unternehmen.

3. Dann füllen Sie die restlichen Spalten der Tabelle aus, indem Sie *Ja, Nein* oder eine entsprechende Anmerkung in die verschiedenen Kästchen schreiben. Auf diese Weise geben Sie an, ob und in welchem Ausmaß eine Lösung die vorgegebenen Kriterien erfüllt. Wenn bestimmte Bedingungen erfüllt werden müssen, damit eine Lösung funktioniert, schreiben Sie das ebenfalls auf. Brauchen Sie Informationen, bevor Sie beurteilen können, ob eine Lösung etwas taugt, dann schreiben Sie in die Tabelle, dass Sie sich diese besorgen müssen.

Hier ist ein Beispiel, um Ihnen die Funktionsweise der Tabelle zu erläutern:

Nehmen wir an, Ihre Mutter, die vor einigen Jahren Witwe geworden ist und nun in einer kleinen Wohnung in einer nahe gelegenen Stadt lebt, ist bis jetzt ganz gut allein zurechtgekommen. In den letzten Monaten ist Ihnen und Ihren zwei Brüdern jedoch aufgefallen, dass im Haushalt Ihre Mutter nicht viele Lebensmittel zu finden sind. Sie sehen etwas genauer nach und stellen fest, dass die Küchenschränke Kartoffelchips, Tütensuppen und Salzstangen enthalten. Im Kühlschrank finden Sie Wurst, Pilze und aufgeschnittenes Brot, aber keine Milch und keinen Saft. Als Sie Ihre Mutter danach fragen, zuckt sie mit den Achseln und antwortet, dass sie diese Sachen eben gern isst.

Während Sie mit Ihrer Mutter in der Küche sind, fällt Ihnen außerdem auf, dass sie Schwierigkeiten hat, etwas schwerere Dinge zu heben. Sie deckt den Tisch, indem sie einen Teller nach dem anderen aus dem Küchenschrank holt und zum Tisch trägt, anstatt mehrere auf einmal zu nehmen. Töpfe und Pfannen kann sie nur mit Mühe heben. Für Sie ist klar, dass Ihre Mutter nur deshalb keine Milch oder Konserven kauft, weil sie nichts Schweres mehr heben oder tragen kann.

KRITERIEN	MÖGLICHE LÖSUNGEN			
	Nichts tun	Supermarkt liefert die gekauften Lebensmittel	Ihre Brüder und Sie begleiten Ihre Mutter beim Einkaufen	Jemanden damit beauftragen, mit Ihrer Mutter einkaufen zu gehen
Muss Ihre Mutter mit den benötigten Lebensmitteln versorgen	Nein	Ja, wenn der Supermarkt einen Lieferservice anbietet	Ja	Ja
Muss die Unabhängigkeit Ihrer Mutter bewahren	Ja	Ja, da sie immer noch selbst einkaufen gehen kann	Herausfinden, was sie davon hält	Herausfinden, was sie davon hält
Muss realistisch sein, was Zeitaufwand und Kosten angeht	Ja	Vermutlich	Herausfinden, ob Ihre Brüder helfen würden	Herausfinden, wie viel es kostet und ob es möglich ist

Sie machen sich Sorgen über die einseitige Ernährung Ihrer Mutter, wollen sie aber nicht beleidigen oder in eine Lage bringen, in der sie leugnen müsste, Hilfe zu brauchen. Einkaufen zu gehen ist für Ihre Mutter sehr wichtig und verschafft ihr etwas Bewegung, daher wollen Sie den Einkauf nicht selbst übernehmen. Jede Lösung, die Ihnen einfällt, muss Ihrer Mutter ihren Stolz und ihre Würde lassen, darf aber auch nicht zu einer immensen Belastung für Sie oder Ihre Brüder werden. (Wenn Ihre Mutter zu gebrechlich oder zu verwirrt wäre, um einkaufen zu gehen, würden ihre Bedürfnisse und Ihre Lösungen ganz anders aussehen.)

Sie überlegen sich mehrere Lösungen, die Ihrer Mutter helfen könnten: (1) Sie geht im Supermarkt einkaufen und lässt sich die Sachen dann nach Hause liefern; (2) Sie und Ihre Brüder begleiten Sie beim Einkaufen und wechseln sich dabei wöchentlich ab; oder (3) Sie beauftragen jemanden, mit ihr zusammen die Einkäufe zu machen und die Sachen dann in ihre Wohnung zu tragen und aufzuräumen.

Wenn Sie Ziel, Kriterien und Lösungen notiert haben, sieht die Tabelle in etwa so aus:

Ziel: Wie können Sie Ihrer Mutter helfen, Sachen einzukaufen, die sie nicht selbst tragen kann?

Wenn Sie sich die Analyse ansehen, werden Sie feststellen, dass es keine gute Lösung ist, nichts zu tun, denn dann bekommt Ihre Mutter logischerweise nicht die Lebensmittel, die sie braucht. Die beste Lösung wäre wohl, die Lebensmittel liefern zu lassen, da Ihre Mutter in diesem Fall die »Kontrolle« über ihre Einkäufe behält.

Häufig ist es eine gute Idee, alle benötigten Fakten griffbereit zu haben (in diesem Fall Kosten und Verfügbarkeit eines Lieferservice und Angaben darüber, wer ihn bezahlen soll), bevor Sie die Lösung Ihren Eltern vorschlagen. Wenn Sie ihnen beweisen können, dass ein Plan gut durchdacht und durchführbar ist, sind sie vielleicht eher einverstanden. In anderen Fällen macht es unter Umständen mehr Sinn, umgekehrt vorzugehen und Ihren Eltern zuerst eine Lösung vorzuschlagen, bevor Sie Informationen beschaffen oder jemanden fragen, ob er Ihnen hilft, damit Ihre Mühe nicht vergebens war, wenn Ihre Eltern partout nicht wollen.

4. Analyse unter Berücksichtigung von »Murphys Gesetz«

»Murphys Gesetz« besagt, dass »alles, was schiefgehen kann, auch schiefgehen wird«. Eine Analyse nach »Murphys Gesetz« besteht also darin, Schwierigkeiten vorherzusehen, die bei der von Ihnen bevorzugten Lösung auftreten könnten, und Strategien zu formulieren, mit denen diese Schwierigkeiten vermieden werden.

Kommen wir auf unser Beispiel zurück: Was tun Sie, wenn Ihre Mutter auf die Idee kommt, dass es gefährlich sein könnte, einem Fremden die Tür aufzumachen? Die Lösung könnte so aussehen:

61

Sie vereinbaren mit dem Supermarkt, dass der Lieferant klingelt, die Einkäufe vor der Tür abstellt und wieder geht. Angenommen, Ihre Mutter hört die Klingel nicht, wenn ihre Einkäufe geliefert werden. Sie könnten eine lautere Klingel oder eine Signallampe installieren lassen, damit Ihre Mutter weiß, dass jemand an der Tür ist. Sie müssen für Eventualitäten vorausplanen und alle Schritte unternehmen, um sicherzustellen, dass möglichst wenig schiefgehen kann.

5. Setzen Sie Ihren Plan um

Wenn Sie der Meinung sind, dass eine bestimmte Lösung eindeutig besser ist als die anderen, sollten Sie überlegen, wie Sie bei Ihren Eltern vorgehen. Wenn sich etwas ändern soll, ist deren Mitarbeit unerlässlich. Stellen Sie Ihren Plan auf möglichst überzeugende Art und Weise vor, und verwenden Sie vor allem Ich-Botschaften, um Ihren Eltern zu sagen, dass Sie sich Sorgen machen. Wenn Sie mehrere Möglichkeiten in Erwägung ziehen, sollten Sie sie eventuell zusammenfassen und aufschreiben, damit Ihre Eltern sich alles in Ruhe ansehen und überlegen können. Denken Sie aber daran, dass die Situation für Ihre Eltern umso verwirrender wird, je mehr Lösungen Sie vorschlagen. Wenn Ihre Eltern mit Ihrem Plan einverstanden sind, bitten Sie sie darum, nach besten Kräften bei der Durchführung mitzuarbeiten.

Um noch einmal auf unser Beispiel zurückzukommen: Wenn Ihre Mutter einverstanden ist, sich die Lebensmittel liefern zu lassen, fragen Sie sie, ob sie ihr bei der Organisation helfen sollen. Achten Sie darauf, dass sie eine Einkaufsliste macht, auf der auch die Artikel stehen, die sie bis jetzt nicht gekauft hat. Wenn Ihre Mutter in den Supermarkt gehen und die Sachen selbst aussuchen möchte, bieten Sie ihr an, Sie beim ersten Mal zu begleiten und dafür zu sorgen, dass der Lieferservice alle notwendigen Informationen bekommt. Wenn sie lieber telefonisch bestellen möchte, gewährleisten Sie, dass sie weiß, wen sie anrufen soll, und bieten ihr an, bei der ersten Bestellung zu helfen.

6. Überprüfen Sie, ob Ihr Plan funktioniert

Um festzustellen, ob Ihr Plan erfolgreich ist, gibt es zwei Möglichkeiten.

1. Sehen Sie nach, ob alles in Ordnung ist. Obwohl der Schein natürlich trügen kann, ist es immer sinnvoll, sich zunächst einmal genau umzuschauen. Bei unserem Beispiel könnten Sie einen Blick in die Küchenschränke und den Kühlschrank Ihrer Mutter werfen, um festzustellen, ob dort wirklich andere Lebensmittel sind als vorher. Sieht Ihre Mutter gesund aus? Wird sie dünner oder hält sie ihr Gewicht?

2. Die zweite Möglichkeit: Hören Sie zu. Achten Sie auf das, was gesagt wird, und auf das, was nicht gesagt wird. Manchmal wollen Eltern nicht zugeben, dass sie unzufrieden sind, um ihren Kindern nicht zur Last zu fallen. Aussagen wie »Es ist alles in Ordnung« oder »Du brauchst dir um mich keine Sorgen zu machen« sind oft ein Signal dafür, dass etwas nicht in Ordnung ist. In diesem Fall müssen Sie konkret nachfragen. Zurück zu unserem Beispiel: Sie könnten Ihre Mutter ganz direkt fragen, ob der Plan ihrer Meinung nach funktioniert. Werden die Lebensmittel pünktlich geliefert? Hat sie immer feststellen können, dass der Lieferant vor der Tür steht? Lassen Sie Ihre Mutter wissen, dass Sie mit diesen Fragen herausfinden wollen, ob alles so läuft wie geplant.

Wenn es zu kleineren Schwierigkeiten kommt, müssen Sie einen Weg finden, um diese zu lösen – das ist sozusagen die Optimierung Ihrer Lösung. Falls jedoch ernsthafte Schwierigkeiten auftreten, müssen Sie überlegen, ob es nicht sinnvoll wäre, eine andere Option aus Ihrer Tabelle umzusetzen. Wenn Sie sich wie in unserem Beispiel darauf geeinigt haben, die Lebensmittel liefern zu lassen, Ihre Mutter sich aber ständig darüber beschwert, dass ihre Lebensmittel nicht pünktlich gebracht werden oder dass man ihr die falschen Artikel schickt, werden Sie es wohl mit einer anderen Lösung versuchen müssen.

Hinweis: Auf den Seiten 233–234 finden Sie ein Beispielformular, auf dem Sie sich Notizen zu dem Problem machen können, das Sie lösen wollen.

Drei Vorschläge für die Anwendung des Modells

Bearbeitung

Um das Modell zur Problemlösung optimal nutzen zu können, sollten Sie es an die jeweilige Situation anpassen. Nur Sie
- kennen Ihre Eltern und deren Lebensgeschichte, Charakter und Bedürfnisse
- sind mit dem Problem vertraut, mit dem Sie gerade zu kämpfen haben
- wissen, welche Vorschläge vermutlich akzeptiert werden und welche durchführbar sind

Mit diesem Wissen können Sie die Lösung finden, die für alle Beteiligten am besten geeignet ist. Seien Sie flexibel bei der Anwendung des Modells. Wenn wir beispielsweise vorschlagen, dass sich alle Ihre Geschwister an der Diskussion zur Problemlösung beteiligen sollen, Sie aber wissen, dass die Anwesenheit Ihres Bruders eine Diskussion bereits im Keim ersticken würde, dann sollten Sie sich ohne ihn mit Ihren anderen Geschwistern treffen.

Teillösungen

Wie wir bereits in Kapitel 3 erläutert haben, bleibt Ihnen manchmal nichts anderes übrig, als sich mit Teillösungen zufrieden zu geben (siehe Seiten 33/34). Außerdem kann es vorkommen, dass Sie mit einem Problem konfrontiert werden, das gleich aus mehreren Teilen besteht. Am besten unterteilen Sie dieses komplexe Problem in mehrere Einheiten oder »Miniprobleme«, die dann unter Verwendung des Modells einzeln in Angriff genommen werden können. Noch einmal zurück zu unserem Beispiel: Nehmen wir an, dass Ihre Mutter aufgrund von Rückenschmerzen den Kontakt zu ihren Freunden abgebrochen hat, zu viele Medikamente nimmt und ihren Haushalt vernachlässigt. Mit Hilfe des Modells sehen Sie jeden dieser Missstände als eigenes Problem an. Fangen Sie mit dem Problem an, das am dringendsten zu sein scheint. Selbst wenn

Sie nicht alle Miniprobleme sofort lösen können, ist eine kleine Verbesserung immer noch besser als gar keine und vielleicht auch der erste Schritte in Richtung einer »Komplettlösung«.

Überarbeitung

Wenn es um alt gewordene Eltern geht, ist nichts endgültig. Gehen Sie davon aus, dass Sie Ihre Lösung überdenken und überarbeiten müssen, wenn sich an der finanziellen Situation oder am Gesundheitszustand Ihrer Eltern etwas ändert oder Ihre eigenen Lebensumstände dies erforderlich machen. Es ist besser, jede Lösung, die Sie finden, nicht als unveränderliches Endprodukt, sondern als Beginn eines Prozesses zu sehen.

Mit dem hier vorgestellten Modell zur Problemlösung finden Sie nicht nur eine Lösung für die auf den folgenden Seiten erläuterten Probleme, sondern auch für alle anderen Schwierigkeiten, mit denen Sie als Kind älter werdender Eltern konfrontiert werden.

DIE PROBLEME

Problem 1
Mein Vater ist ein Verkehrsrisiko, aber er besteht darauf, noch Auto zu fahren

Situation

Ihr Vater ist 87 Jahre alt und hat früher als Lehrer gearbeitet. Mit 18 Jahren hat er den Führerschein gemacht und seine Eltern, die nie fahren gelernt hatten, mit dem Auto überall hingebracht. Ihre Mutter hat keinen Führerschein. Vor vielen Jahren wollte sie einmal Fahrstunden nehmen, aber Ihr Vater war dagegen. Ihre Eltern leben jetzt in einem kleinen Haus und benützen ihren Wagen, um Freunde und Verwandte zu besuchen und den wöchentlichen Großeinkauf zu machen. Ihr Vater ist sehr stolz auf seine langjährige Fahrpraxis. Obwohl er in den letzten Jahren einige kleinere Unfälle hatte, behauptet er, an keinem selbst schuld gewesen zu sein. Er schimpft über alte Fahrer, zählt sich aber selbst nicht zu dieser Gruppe.

Vor kurzem haben Sie einige Anrufe von seinen Nachbarn bekommen, die sich über die Fahrweise Ihres Vaters beschwert haben. Sie befürchten, dass er sich nicht umschaut, wenn er aus der Einfahrt herausfährt, und berichten, dass es schon mehrere Male fast zu einem Unfall gekommen wäre, weil er nicht aufgepasst hat. Außerdem hat er zwei geparkte Autos gestreift (er behauptet, dass sie dort gar nicht hätten geparkt werden dürfen). Als Sie und Ihre beiden Schwestern zu Ihrem Vater sagen, dass es jetzt vielleicht an der Zeit wäre, mit dem Autofahren aufzuhören, wird er wütend und wirft Ihnen, Ihren Schwestern und den Nachbarn vor, aus einer Mücke einen Elefanten zu machen. Und dann sagt er noch, dass er noch nicht zum alten Eisen gehöre.

69

So analysieren Sie das Problem

1. Sind sich alle darüber einig, dass ein Problem vorliegt?

Obwohl Sie, Ihre beiden Schwestern und die Nachbarn Ihres Vaters mit Sicherheit zu wissen glauben, dass ein Problem vorliegt, ist Ihr Vater ganz anderer Meinung. Er hat einen Führerschein und ist daher berechtigt, Auto zu fahren. Für ihn wäre es schwierig zuzugeben, dass er ein schlechter Fahrer ist, da er objektiv gesehen (noch) nichts getan hat, was schlimmer wäre als das, was viele junge Fahrer anstellen. Inzwischen ist es jedoch nicht mehr möglich, die Situation zu ignorieren.

2. Wie dringend ist das Problem wirklich?

Bis jetzt ist noch nichts Schlimmeres passiert. Aber falls Ihr Vater nicht sehr viel Glück hat, ist es nur noch eine Frage der Zeit, bis er einen größeren Unfall verursacht. Daher müssen Sie jetzt etwas unternehmen.

3. Was steckt hinter dem problematischen Verhalten Ihres Vaters?

Ihnen und Ihren Schwestern muss klar sein, warum Ihr Vater das Autofahren nicht freiwillig aufgeben will. Nur dann können Sie verstehen, wie schwer ihm das fallen wird. Überlegen Sie einmal, welche Rolle das Autofahren im Leben Ihres Vaters gespielt hat. Stellen Sie sich vor, wie stolz er als junger Mann gewesen sein muss, als er für seine Eltern so unentbehrlich war. Nachdem er Ihre Mutter geheiratet hatte, war seine Rolle als Fahrer genauso wichtig. (Indem er Ihre Mutter davon abgehalten hat, den Führerschein zu machen, hat er – sicherlich unbewusst – seinen Status und die Abhängigkeit Ihrer Mutter von ihm gesichert.) Wenn Sie dies berücksichtigen, können Sie erahnen, wie wichtig das Autofahren für die Selbsteinschätzung und die Selbstachtung Ihres Vaters ist.

Darüber hinaus müssen Sie Ihren Vater mit seinen 87 Jahren als Angehörigen einer Generation sehen, die sich von der Ihren erheblich unterscheidet. Als Ihr Vater mit dem Autofahren anfing, waren Autos etwas verhältnismäßig Neues und so teuer, dass nicht jeder eines hatte. Die Menschen sind mit dem Auto gefahren, weil sie Spaß daran hatten. Und da nicht viele Leute Auto gefahren sind, waren jene, die fahren *konnten*, etwas Besonderes. Autobesitzer kümmerten sich selbst um ihren Wagen und waren stolz auf ihn. Autofahren war Kult. Aufgrund seiner Rolle als Fahrer und Mann im Haus genoss Ihr Vater bis jetzt ein hohes Ansehen, das er nicht aufgeben will.

Und schließlich sollten Sie nicht vergessen, wie abhängig unsere Gesellschaft vom Auto ist. Menschen, die nicht fahren können oder kein Auto besitzen, sind in ihrer Bewegungsfreiheit stark eingeschränkt. Wissen Sie noch, wie aufregend es war, als Sie endlich Ihren Führerschein in der Hand hatten? Die Welt lag Ihnen zu Füßen. Bei Ihrem Vater war es genauso. Wenn Sie ihn jetzt bitten, mit dem Autofahren aufzuhören, wäre das in etwa so, als würden Sie aus einem Erwachsenen wieder ein Kind machen wollen.

Außerdem würde sich das Leben Ihres Vaters und Ihrer Mutter erheblich ändern, wenn er aufhören würde, Auto zu fahren. Die Autofahrten Ihrer Eltern tragen dazu bei, den Tag zu strukturieren und der Woche einen Sinn zu geben. Das Autofahren aufzugeben würde für Ihre Eltern heißen, die persönliche Freiheit und Mobilität einzuschränken. Und für Ihren Vater würde es darüber hinaus auch noch bedeuten, dass seine Selbstachtung darunter leidet und er glaubt, seinen Platz innerhalb der Gesellschaft zu verlieren – daher auch sein Einwand, noch nicht zum alten Eisen zu gehören.

4. In welche emotionale Falle sind Sie getappt?

Neben echter Besorgnis um die Sicherheit Ihrer Eltern können hier noch andere Faktoren eine Rolle spielen. Sie sind vielleicht der Meinung, dass das Verhalten Ihres Vaters auf Sie zurückfällt, und es ist Ihnen peinlich, wenn die Nachbarn bei Ihnen anrufen und sich beschweren. Es könnte auch sein, dass Sie befürchten, als verantwortungslos zu gelten, wenn Sie zulassen, dass alles so weiterläuft wie bisher. In dieser und in ähnlichen Situationen müssen Sie Ihre eigene Betroffenheit ignorieren, um die Situation und deren Dringlichkeit richtig einschätzen zu können. Stellen Sie sich die Frage, ob Sie auch so besorgt wären, wenn die Nachbarn nicht angerufen hätten.

5. Wer muss an der Problemlösung beteiligt werden?

Sie, Ihre Schwestern und Ihre Eltern. Ihre Schwestern und Sie müssen sich darüber einigen, wie Sie vorgehen und sicherstellen wollen, dass Ihre Eltern noch in der Lage sein werden, einzukaufen und Freunde und Verwandte zu besuchen. Ihren Vater müssen sie an der Problemlösung beteiligen, weil es um seine Fahrweise geht. Und Ihre Mutter sollte sich an der Diskussion beteiligen, weil sie sehr wahrscheinlich eine eigene Meinung zur Fahrweise Ihres Vaters hat. Sie spielt eine wichtige Rolle bei der Problemlösung, weil Sie in ihr eventuell eine Verbündete haben (wenn sie mit Ihrer Entscheidung einverstanden ist), die mithelfen kann, Ihren Vater zu überzeugen. Sie dürfen sich ihre Hilfe jedoch nicht hinter dem Rücken Ihres Vaters sichern, da dies mit Sicherheit zu Differenzen zwischen Ihren Eltern führen würde.

6. Welches Ziel haben Sie?

Sie wollen Ihren Vater überzeugen, das Autofahren ganz aufzugeben – oder, wenn Ihnen dies nicht gelingt, die Fahrten mit dem Auto zumindest sehr einzuschränken –, damit er nicht länger eine Gefahr für sich selbst und für andere darstellt.

So lösen Sie das Problem

1. Lösungskriterien

Ihre Lösung muss darin bestehen, die Wahrscheinlichkeit herabzusetzen oder völlig zu eliminieren, dass Ihr Vater sich oder andere durch seine Fahrweise gefährdet. Gleichzeitig müssen Sie seine

72

Gefühle so weit wie möglich schützen und zu einer Lösung gelangen, die für ihn akzeptabel ist oder ihm sogar gefällt. Auch für Ihre Mutter muss die Lösung annehmbar sein. Und schließlich muss sie ein alternatives Transportmittel für Ihre Eltern vorsehen, realistisch sein und darf nicht zu viel von den an der Lösung beteiligten Familienangehörigen verlangen.

2. Überlegen Sie sich mehrere mögliche Lösungen

Eine Lösung würde darin bestehen, Ihren Vater zu überreden, das Autofahren ganz aufzugeben. Wenn Sie der Meinung sind, dass er unter bestimmten Umständen noch sicher fahren kann, könnte eine andere Lösung sein, ihn zu drängen, gewisse Einschränkungen zu akzeptieren. Ein Beispiel: Wenn Ihr Vater nachts nicht mehr gut sieht, ist er vielleicht damit einverstanden, nur noch tagsüber zu fahren. Wenn er Schwierigkeiten mit dem Rückwärtsfahren hat (dies ist bei älteren Leuten häufig der Fall, da Kopf- und Schulterbereich nicht mehr so flexibel sind), könnte Ihre Mutter helfen, nach dem Verkehr zu sehen.

Weigert sich Ihr Vater grundsätzlich, das Autofahren aufzugeben oder einzuschränken, weil er der Meinung ist, dass es dazu keinen Anlass gibt, wäre eine andere Lösung unter Umständen sinnvoller. Überreden Sie ihn, sich vom Hausarzt auf seine Fahrtüchtigkeit hin untersuchen zu lassen und freiwillig eine Fahrprobe bei einer Fahrschule abzulegen. Wenn er die ärztliche Untersuchung und die Fahrprobe besteht, sprechen Sie ihn nicht mehr auf seine Fahrweise an (Sie sollten aber trotzdem im Auge behalten, wie er fährt). Wenn er die ärztliche Untersuchung oder die Fahrprobe nicht besteht, können Sie darauf hinwirken, dass Ihr Vater seinen Führerschein freiwillig abgibt.

Wenn Sie möchten, können Sie den Arzt Ihres Vaters um Hilfe bitten. Erzählen Sie ihm, dass Sie glauben, Ihr Vater sei nicht mehr fahrtüchtig. Legen Sie ihm »Beweise« vor – in Form von Anzeigen, Beschwerden von Nachbarn und so weiter –, und bitten Sie ihn um eine entsprechende Untersuchung. Ärzte, die ältere Patienten behandeln, führen Untersuchungen dieser Art recht häufig durch, und viele ältere Leute akzeptieren die Entscheidung ihres Arztes ohne Murren. Sie haben dann die Möglichkeit, auch vor sich selbst das Gesicht zu wahren, denn sie können sagen, dass sie nicht mehr fahren dürfen, weil »es der Arzt gesagt hat«.

Wenn Ihr Vater mit keinem dieser Vorschläge einverstanden ist und weiterhin sich und andere im Straßenverkehr gefährdet, haben Sie noch eine letzte Möglichkeit. Normalerweise raten wir davon ab, aber es gibt Fälle, in denen es nicht anders geht. Sie könnten Ihren Vater beim Ordnungsamt melden. Wenn berechtigte Zweifel an seiner Fahrtüchtigkeit bestehen, ordnet die Behörde eine Fahrprobe an, die der Führerscheinprüfung ähnelt. Bestehen dann immer noch Zweifel, wird Ihr Vater zu einer medizinisch-psychologischen Untersuchung geschickt (ähnlich wie beim Führerscheinentzug). Sollte sich dabei herausstellen, dass er nicht mehr in der Lage ist, sein Fahrzeug sicher zu führen, kann ein Gericht den Führerscheinentzug anordnen.

Dieses zugegebenermaßen extreme Mittel birgt zwei erhebliche Risiken. Zum einen muss Ihr Vater mit dem abrupten Verlust von etwas, das für ihn sehr wichtig ist, fertig werden. Die Bewältigung dieses Verlusts kann unter Umständen Wutausbrüche oder Depressionen nach sich ziehen. Zum anderen gefährden Sie dadurch vielleicht das gute Verhältnis zu Ihrem Vater, da er Ihnen vorwerfen wird, ihm die Entscheidung, ob er mit dem Autofahren aufhört oder nicht, aus der Hand genommen zu haben. Obwohl dies natürlich sehr unangenehm wäre, ist es immer noch besser, als zuzulassen, dass er sich oder andere gefährdet.

3. Analyse der verschiedenen Lösungsmöglichkeiten

Ziel: Wie bringen Sie Ihren Vater dazu, mit dem Autofahren aufzuhören?
Ihren Vater zu überzeugen, freiwillig mit dem Autofahren aufzuhören oder die Fahrten einzuschränken, wäre die beste Lösung, da Sie dadurch Ihr Ziel erreichen, ohne zu rigiden Maßnahmen greifen zu müssen.

74

	MÖGLICHE LÖSUNGEN			
KRITERIEN	Nichts tun	Ihren Vater überzeugen, freiwillig mit dem Autofahren aufzuhören	Ihren Vater überzeugen, sich dem Ergebnis einer ärztlichen Untersuchung und einer Fahrprobe zu beugen	Ihren Vater beim Ordnungsamt melden
Muss die Autofahrten von Ihrem Vater erheblich reduzieren oder ganz beenden	Nein	Ja	Vermutlich	Vermutlich
Muss seine Selbstachtung bewahren und verhindern, dass er das Gesicht verliert	Ja	Ja, wenn Plan sorgfältig ausgearbeitet und durchgeführt wird	Vermutlich	Nein
Muss für Ihre Mutter akzeptabel sein	Fraglich	Vermutlich	Vermutlich	Vermutlich nicht
Muss genügend Transportmittel vorsehen, um die Bedürfnisse Ihrer Eltern zu erfüllen	Ja	Ja, bei entsprechender Organisation	Ja, bei entsprechender Organisation	Am Anfang nicht
Muss realistisch sein	Nein	Ja	Ja	Ja

4. Analyse unter Berücksichtigung von »Murphys Gesetz«

Angenommen, Ihr Vater ist damit einverstanden, weniger oder gar nicht mehr Auto zu fahren. Sie und Ihre Schwestern müssen dann für andere Transportmittel sorgen und darauf vorbereitet sein, dass die vorgesehenen Alternativen nicht funktionieren und daher überarbeitet werden müssen.

Wenn die Umstellung auf andere Transportmittel für Ihre Eltern in der Anfangszeit schwierig ist und dazu führt, dass sie ihre sozialen Kontakte vernachlässigen und ihre Lebensqualität sich verschlechtert, müssen Sie eingreifen und helfen, den Plan auszuführen.

Es könnte auch sein, dass Ihr Vater verspricht, weniger Auto zu fahren, sein Versprechen aber nicht hält. In diesem Fall bleibt Ihnen nichts anderes übrig, als den Druck auf ihn zu verstärken. Bestehen Sie darauf, dass er sich von seinem Arzt untersuchen lässt und eine Fahrprobe ablegt. Wenn das Ergebnis darauf schließen lässt, dass er nicht mehr fahrtüchtig ist, er aber weiterhin Auto fährt, müssen Sie ihn beim Ordnungsamt melden.

5. Setzen Sie Ihren Plan um

Um Ihren Vater dazu zu bewegen, mit dem Autofahren aufzuhören oder weniger zu fahren, sind zwei Schritte erforderlich. Der erste Schritt besteht darin, ihn so weit zu bringen, dass er zugibt, ein Problem mit seiner Fahrweise zu haben. Beim zweiten Schritt müssen Sie ihm zeigen, dass seine Bedürfnisse und die Ihrer Mutter auch dann erfüllt werden, wenn er nicht mehr Auto fährt.

Eine Möglichkeit, Ihren Vater davon zu überzeugen, dass ein Problem vorliegt, besteht darin, ihm die Fakten vorzulegen, allerdings auf eine Art und Weise, die seine Gefühle nicht verletzt. Sie könnten zum Beispiel sagen: »Vater, ich weiß, dass du Auto fährst, seit du 18 bist, und dass du immer sehr stolz auf deine Fahrkünste gewesen bist. Ich weiß auch, dass dir und Mutter viel daran liegt, einen Wagen zu haben, um Besorgungen machen zu können und Freunde zu besuchen. Aber gestern hat mich Frau Meier von nebenan angerufen. Sie war sehr aufgeregt und hat gesagt, du hättest ihren Wagen gestreift, als du rückwärts aus der Einfahrt gefahren bist. Ich weiß, dass du ihr gesagt hast, du würdest für den Schaden aufkommen, aber so etwas ist noch nie vorgekommen, und ich habe Angst, dass du dich selbst oder jemanden aus der Nachbarschaft verletzten könntest. Dich hat das Ganze sicher auch aufgeregt, aber wir sollten uns darüber unterhalten, was wir dagegen tun können. Wir müssen wirklich einen Weg finden, damit so etwas nicht noch einmal passiert.«

Wenn Sie Ihren Vater mit den Fakten konfrontieren, machen Sie es ihm fast unmöglich zu leugnen, dass sich seine Fahrweise in letzter Zeit verändert hat. Er wird es vermutlich trotzdem erst einmal abstreiten, aber wenn Sie ihm sagen, dass diese Vorfälle wohl das Ende seiner unfallfreien Fahrpraxis bedeuten, wird er das kaum ignorieren können.

Bevor Sie mit Ihren Eltern über das Problem sprechen, sollten Sie sich entsprechend vorbereiten. Finden Sie heraus, wie oft sie den Wagen benutzen und auf welche Weise sie damit den Kontakt zur Außenwelt halten. Sie und Ihre Schwestern könnten Ihrem Vater dann Alternativen vorschlagen, beispielsweise einen Fahrer einstellen, mit dem Taxi oder öffentlichen Verkehrsmitteln fahren oder sich von Ihnen und Ihren Schwestern fahren lassen.

Wenn Ihr Vater die Kosten lieber selbst übernehmen möchte, sollten Sie ihm diese Möglichkeit lassen, ansonsten teilen Sie und Ihre Schwestern sie untereinander auf. Werden die Kosten für einen Fahrer oder ein Taxi zum Streitpunkt, weisen Sie Ihren Vater darauf hin, dass Steuern, Versicherung, Benzin und Reparaturen für seinen Wagen schließlich auch eine Menge Geld verschlingen. Wenn sich Ihr Vater die finanziellen Belastungen einmal genauer ansieht, wird er Ihre Vorschläge vielleicht sogar für sinnvoll halten.

6. Überprüfen Sie, ob Ihr Plan funktioniert

Am Anfang werden Sie und Ihre Schwestern genau aufpassen und kleinere Unzulänglichkeiten »ausbügeln« müssen. Wenn Ihr Plan nicht funktioniert – Ihr fährt Vater weiterhin so viel wie bisher oder die emotionalen und sozialen Bedürfnisse Ihrer Eltern werden nicht erfüllt –, müssen Sie ein Familientreffen einberufen und darüber nachdenken, wie Sie weiter vorgehen sollen. (Siehe *Familientreffen* auf den Seiten 54/55) Dazu gehört auch herauszufinden, warum der Plan nicht funktioniert. Warum fährt Ihr Vater nach wie vor so viel mit dem Auto, obwohl er doch versprochen hat, es öfter in der Garage stehen zu lassen? Wenn Sie die Antworten auf Fragen wie diese wissen, können Sie auch die entsprechenden Lösungen dafür finden.

Was immer Sie auch entscheiden, Sie werden Ihren Plan vermutlich überarbeiten müssen, wenn die Bedürfnisse Ihrer Eltern sich ändern. Dies wird insbesondere dann der Fall sein, wenn Ihr Plan vorsieht, dass Ihr Vater weniger Auto fährt. Aber sobald er Autofahren nicht mehr länger damit gleichsetzt, als vollwertiges Mitglied der Gesellschaft gesehen zu werden, wird er vermutlich eher bereit sein, Änderungen zu akzeptieren.

Problem 2
Mein Bruder und meine Schwester wollen mir bei der Betreuung unserer Eltern nicht helfen

Situation

Sie sind 35 Jahre alt, verheiratet, haben zwei Kinder – sieben und fünf Jahre alt – und unterrichten an einer Hauptschule. In den letzten zwei Jahren sind Sie für Ihre Eltern, die zwanzig Fahrtminuten von Ihnen entfernt wohnen, zweimal in der Woche einkaufen gegangen. Außerdem sind Sie jeden Samstag vorbeigekommen, um beim Putzen zu helfen. Inzwischen wird Ihnen das alles jedoch zu viel, und Sie ärgern sich darüber, dass Sie so viel Zeit dafür aufbringen müssen. Außerdem fangen Ihr Mann und die Kinder an, sich darüber zu beschweren, dass Sie so oft weg sind. Sie würden gern mehr Zeit mit Ihrer eigenen Familie verbringen und sich mehr um die Freizeitaktivitäten Ihrer Kinder kümmern. Außerdem hätten Sie gern etwas mehr Zeit für sich selbst.

Ihr Bruder und Ihre Schwester, die beide älter sind als Sie, wohnen ebenfalls in der Nähe Ihrer Eltern und haben noch nie ihre Hilfe angeboten; dafür loben sie Ihre Geduld und sind Ihnen für Ihre Mühe Arbeit dankbar. Ihre Schwester besucht Ihre Eltern gern, redet aber ständig über ihren anspruchsvollen Job als Marketing-Analystin und darüber, dass sie so viel arbeiten muss. Ihr Bruder, der als Börsenmakler tätig ist, hatte noch nie eine enge Beziehung zu Ihren Eltern und besucht sie auch nur selten. Ihre Eltern scheinen mit der momentanen Situation zufrieden zu sein. Doch Sie würden Ihre Geschwister gern bitten, Ihnen einen Teil der Arbeit abzunehmen, wissen aber nicht, wie Sie das anstellen sollen.

So analysieren Sie das Problem

1. Sind sich alle darüber einig, dass ein Problem vorliegt?

Leider scheint niemand außer Ihnen (und natürlich Ihrem Mann und Ihren Kindern) der Meinung zu sein, dass es ein Problem gibt.

2. Wie dringend ist das Problem wirklich?

Gesundheit und Sicherheit Ihrer Eltern sind nicht unmittelbar gefährdet, aber Sie wissen, dass Sie es nicht mehr lange schaffen, sie allein zu betreuen. Sie stehen kurz vor einem Burnout und können nicht mehr lange warten.

3. Was steckt hinter dem problematischen Verhalten Ihrer Geschwister?

Sie haben eigentlich keinen Beweis dafür, dass Ihre Geschwister ablehnen würden zu helfen, wenn Sie sie darum bitten würden. Aber die beiden haben gute Gründe dafür, nicht von sich aus anzubieten, Sie bei der Betreuung ihrer Eltern zu unterstützen. Ihre Schwester ist viel zu sehr in ihrer Arbeit vergraben, um die Bedürfnisse anderer wahrzunehmen. Außerdem besteht für sie auch gar keine Veranlassung, am Status quo etwas zu ändern, da Sie ja die Betreuung Ihrer Eltern übernommen haben, was ihr sehr gelegen kommt. Ihr Bruder könnte der Meinung sein, dass die Betreuung der Eltern Frauensache ist. Und da er noch nie ein enges Verhältnis zu den Eltern hatte, ist es ihm vermutlich lieber, wenn er sie nicht so oft besuchen muss.

4. In welche emotionale Falle sind Sie getappt?

Es besteht kein Zweifel daran, dass Ihnen das Wohl Ihrer Eltern sehr am Herzen liegt. Aber Sie haben sich möglicherweise selbst in diese schwierige Situation gebracht. Um das herauszufinden, sollten Sie sich fragen, warum ausgerechnet Sie die Betreuung Ihrer Eltern übernommen haben. Sind Sie immer diejenige in der Familie, die sich um die Bedürfnisse der anderen kümmert? Stellen Sie Ihre eigenen Bedürfnisse immer hintenan? Es ist nicht ungewöhnlich, dass Menschen, die sich so verhalten, automatisch eine Helferrolle übernehmen und sich nach einiger Zeit, wenn ihnen alles zu viel wird, darüber ärgern.

Es ist auch möglich, dass Sie die Betreuung übernommen haben, weil Sie als Lehrerin nur stundenweise unterrichten und Ihre Geschwister vielleicht mehr arbeiten und weniger Urlaub haben.

Und schließlich könnte es sein, dass Ihnen die Rolle des »guten«, fürsorglichen Kindes gefällt. Sobald Sie in diese Rolle fallen, ist es schwierig, sich davon loszumachen, selbst wenn Ihnen die Arbeit zu viel wird.

5. Wer muss an der Problemlösung beteiligt werden?

Neben Ihren Geschwistern sollten Sie auch Ihre Eltern an der Problemlösung beteiligen. Zumindest sollten Sie ihnen sagen, dass Sie nicht mehr so viel Zeit für ihre Betreuung aufbringen können und sich darüber mit Ihren Geschwistern unterhalten werden, damit diese Ihren Teil beitragen.

6. Welches Ziel haben Sie?

Ihr Ziel besteht darin, den Zeitaufwand für die Betreuung Ihrer Eltern zu reduzieren, damit Sie mehr Zeit für sich und Ihre eigene Familie haben. Im Idealfall sollte dies dadurch geschehen, dass Sie Ihre Geschwister dazu bringen, ihren Teil zur Betreuung der Eltern beizutragen.

So lösen Sie das Problem

1. Lösungskriterien

Ihre Lösung muss gewährleisten, dass Sie sich nicht mehr allein um die Betreuung Ihrer Eltern zu kümmern haben. Sie muss außerdem dafür sorgen, dass die aktuellen und zukünftigen Bedürfnisse Ihrer Eltern auf eine für sie akzeptable Art und Weise erfüllt werden. Und schließlich muss sie auch für Ihren Bruder und Ihre Schwester annehmbar und so praktisch sein, dass sie jeden von Ihnen auch langfristig zufrieden stellt.

2. Überlegen Sie sich mehrere mögliche Lösungen.

Eine Möglichkeit würde darin bestehen, dass Sie sich die Betreuung Ihrer Eltern – also Einkaufen und Putzen – mit Ihren Geschwistern teilen. Wie sie die verschiedenen Aufgaben untereinander aufteilen, müssen sie gemeinsam entscheiden. Einer von Ihnen kann den wöchentlichen Einkauf übernehmen, der zweite das Putzen, der dritte die Wäsche. Wenn Sie die Aufgaben auf diese Weise erledigen, reduziert das die Zeit, die Sie und Ihre Geschwister am Stück für die Betreuung der Eltern aufbringen müssen. Möglich wäre auch, dass jeder von Ihnen jeweils eine Woche für alle Aufgaben zuständig ist und dann der Nächste an der Reihe ist. Auf diese Weise ist sichergestellt, dass jeder von Ihnen mindestens zwei Wochen im Monat Zeit für sich hat.

Eine Alternative könnte sein, eine Haushaltshilfe einzustellen, die alle oder einen Teil der Aufgaben übernimmt. Dies könnte der richtige Vorschlag für Ihren Bruder *und* Ihre Schwester sein. An einer solchen Lösung ist prinzipiell nichts auszusetzen, wenn die Entscheidung darüber nach einer offenen Diskussion mit allen Beteiligten – vor allem Ihren Eltern – getroffen wird.

3. Analyse der verschiedenen Lösungsmöglichkeiten

Ziel: Wie können Sie bei der Betreuung Ihrer Eltern entlastet werden?

KRITERIEN	MÖGLICHE LÖSUNGEN		
	Nichts tun	Alle Geschwister teilen sich die Aufgaben, die bei der Betreuung anfallen	Aufgaben werden teilweise oder ganz von einer Haushaltshilfe erledigt
Muss dafür sorgen, dass Sie bei der Betreuung der Eltern entlastet werden	Nein	Ja	Ja
Muss dafür sorgen, dass die Bedürfnisse Ihrer Eltern erfüllt werden	Ja, aber Sie können nicht alles allein machen	Ja, vorausgesetzt, alle sind damit einverstanden	Ja, vorausgesetzt, alle sind damit einverstanden
Muss den größten Teil der zukünftigen Bedürfnisse Ihrer Eltern erfüllen	Nein, Sie tun bereits mehr, als Sie können	Vermutlich, aber dies hängt vor allem davon ab, wie die Bedürfnisse der Eltern in Zukunft aussehen	Ja, da die Haushaltshilfe auch mehr arbeiten könnte
Muss für Ihre Eltern akzeptabel sein	Ja	Vermutlich	Vermutlich nicht (hängt davon ab, ob Ihre Eltern mit einer Haushaltshilfe einverstanden sind)
Muss für Ihre Geschwister akzeptabel sein	Ja	Vermutlich nicht	Vermutlich
Muss praktisch und gut durchführbar sein	Nein	Ja, falls akzeptabel für Ihre Geschwister und genau geplant	Vermutlich, abhängig davon, ob Sie jemanden finden und die Kosten nicht zu hoch sind

83

Wenn Ihre Geschwister bereit sind, bei der Betreuung der Eltern mitzuhelfen, wäre diese Lösung die beste, da dadurch mögliche Probleme bei der Einstellung einer Haushaltshilfe vermieden werden.

4. Analyse unter Berücksichtigung von »Murphys Gesetz«

Wenn Sie und Ihre Geschwister sich dafür entscheiden, die Aufgaben bei der Betreuung ihrer Eltern untereinander aufzuteilen, kann es Schwierigkeiten geben, wenn einer von Ihnen seinen Teil der Abmachung nicht einhält. Sie sollten dies berücksichtigen und für Notfälle vorausplanen, indem Sie sich aufschreiben, wer von Ihnen was macht. Wenn Sie allerdings anbieten, diese Liste zu führen und die einzelnen Aufgaben zu verteilen, könnte Sie dies wieder dahin zurückbringen, wo Sie angefangen haben. Um das zu vermeiden, sollten Sie Ihren Eltern eine Kopie des »Arbeitsplans« geben. Falls möglich, sollten Sie sie auffordern, direkt mit der Tochter beziehungsweise dem Sohn zu sprechen, die/der für eine liegen gebliebene Aufgabe zuständig war. Mischen Sie sich nur ein, wenn es nicht anders geht.

Und wenn Ihre Geschwister es ablehnen, ihren Teil zur Betreuung der Eltern zu leisten? Es ist sehr ungewöhnlich, dass Familienmitglieder selbst dann nichts tun wollen, wenn es mehrere Alternativen gibt. Hat es in der Familie allerdings schon immer viel Streit gegeben oder liegen bei einigen Familienmitgliedern ernstere psychische Probleme vor, kann dies schon einmal passieren. (Wir kennen einen Fall, bei dem der Sohn, als man ihn darüber informierte, dass seine Mutter unheilbar krank sei, zu seiner Schwester sagte: »Nimm Mutter zu dir und ruf mich an, wenn sie stirbt.«) Wenn Sie an einem toten Punkt angelangt sind und selbst mit den in Kapitel 3 vorgestellten Strategien nichts ausrichten können, müssen Sie dafür sorgen, dass Hilfe von außen geleistet wird, also beispielsweise eine Haushaltshilfe einstellen.

84

5. Setzen Sie Ihren Plan um

Sagen Sie zunächst Ihren Eltern, dass Sie in Zukunft nicht mehr so viel Zeit für ihre Betreuung aufbringen können, und erklären sie ihnen den Grund dafür. Sagen Sie ihnen, dass Sie darüber mit Ihrem Bruder und Ihrer Schwester sprechen und diese um Hilfe bitten wollen. Rufen Sie dann Ihre Geschwister an, und erklären Sie ihnen die Situation. Bei diesem Gespräch könnten Sie ihnen gleich einige der Lösungen erläutern, die Sie sich überlegt haben, und fragen, ob Ihr Bruder oder Ihre Schwester eigene Vorschläge hat. Berufen Sie ein Familientreffen mit Ihren Geschwistern und Ihren Eltern ein, um über die verschiedenen Möglichkeiten zu sprechen (siehe *Familientreffen* auf den Seiten 54/55). Bei dem Treffen sollten Sie erklären, warum Sie Mühe haben, Ihre Eltern ganz allein zu betreuen. Dabei können Ich-Botschaften (siehe Seiten 26/27) helfen, damit Sie niemandem einen Vorwurf machen oder Schuld zuweisen. (Wenn Sie anfangen, Ihren Geschwistern Verantwortungslosigkeit und Vernachlässigung Ihrer Eltern vorzuwerfen, werden Sie nicht weit kommen.)

Sobald das Problem gelöst ist, müssen Sie alle drei entscheiden, wie bei der Verteilung und Durchführung der einzelnen Aufgaben vorgegangen werden soll. Fordern Sie Ihre Geschwister während des gesamten Treffens auf, mit den Eltern und den anderen Familienmitgliedern zu sprechen. Halten Sie sich aus diesen Diskussionen heraus, so gut es geht. (Falls Sie bezweifeln, dass Sie ein solches Treffen leiten können, sollten Sie sich überlegen, einen Familientherapeuten, einen Mediator oder jemanden, der mit dieser Problematik vertraut ist, heranzuziehen, um einen neutralen Vermittler bei dem Gespräch dabei zu haben.)

Wenn der Plan definiert ist, sollten Sie darauf bestehen, dass alle untereinander in Kontakt bleiben, damit der Plan bei Bedarf geändert werden kann. Wöchentliche Anrufe und monatliche Familientreffen könnten hier sehr hilfreich sein. Sobald sich bei der Betreuung Ihrer Eltern ein gewisser Rhythmus herausgebildet hat, genügt es, diese Anrufe und Treffen bei Bedarf durchzuführen.

6. Überprüfen Sie, ob Ihr Plan funktioniert

Es gibt zahlreiche Möglichkeiten, um zu überprüfen, wie es läuft: Fragen Sie Ihre Eltern. Nutzen Sie die Besuche im Haus Ihrer Eltern, um sich umzusehen. Versuchen Sie, Ihre Geschwister sofort miteinzubeziehen, wenn es Schwierigkeiten gibt. Selbst wenn Ihr Plan funktioniert, müssen Sie eventuell andere Möglichkeiten in Betracht ziehen, wenn sich die Bedürfnisse Ihrer Eltern ändern.

Familientreffen

Damit ein Familientreffen erfolgreich verläuft, müssen sich alle auf bestimmte Ziele einigen und eindeutige Regeln für die Kommunikation festlegen. Wir schlagen folgende Vorgehensweise vor:

1. Ziele

Vor dem Treffen sollte jeder Teilnehmer folgende Fragen aus seiner Sicht beantworten:
- Wie sieht das Problem aus, um das es bei dem Treffen gehen soll?
- Warum ist es unserer Familie bis jetzt nicht gelungen, dieses Problem zu lösen?
- Was erwarte ich als Ergebnis des Treffens – anders ausgedrückt, wie sieht für mich ein »Erfolg« aus?
- Was bin ich zu tun bereit, um sicherzustellen, dass das Treffen erfolgreich ist?
- Was werde ich auf keinen Fall tun?

2. Regeln für die Kommunikation

Wenn sich die Gemüter erhitzen, ist es besonders wichtig, dass von vornherein bestimmte Verhaltensregeln vereinbart werden:
- Jedes Mitglied der Familie sollte nur für sich selbst und nicht für andere sprechen. (Vermeiden Sie Aussagen wie: »Ich bin nicht die Ein-

zige, die sich darüber ärgert. Ich weiß, dass Michael auch nicht damit einverstanden ist!« und »Ihr glaubt jetzt vielleicht alle, ich wäre verrückt, aber ...«)

- Wenn jemand etwas sagt, darf er nicht unterbrochen werden. Alle müssen bereit sein, sich anzuhören, was die anderen zu sagen haben.
- Verwenden Sie Ich-Botschaften, anstatt einander Vorwürfe zu machen, anderen die Schuld zuzuweisen, Ratschläge zu erteilen oder den anderen vorzuschreiben, wie sie sich ändern sollen, um die Situation zu verbessern.
- Niemand sollte das Treffen dominieren. Falls erforderlich, setzen Sie ein Zeitlimit für langatmige »Ansprachen«.
- Sämtliche Teilnehmer sollten von »privaten« Absprachen oder »geheimen« Gesprächen Abstand nehmen. Falls kein zwingender Grund vorliegt (beispielsweise, wenn dem unheilbar kranken Vater Tatsachen vorenthalten werden sollen, die ihn zu sehr belasten würden und sowieso nicht zu ändern sind), sollten *alle* Familienmitglieder über *alles* informiert werden.

Falls diese Regeln nicht helfen oder nach einem oder zwei Treffen immer noch keine Fortschritte gemacht werden, sollten Sie einen objektiven Außenstehenden – zum Beispiel einen Therapeuten – heranziehen, der als Vermittler fungiert.

87

Problem 3
Meiner Mutter geht es nicht gut, aber sie will auf keinen Fall zum Arzt

Situation

Ihre 77-jährige Mutter lebt seit dem Tod Ihres Vaters vor fünf Jahren allein. Obwohl sie den Tod ihres Mannes immer noch nicht verwunden hat, ist sie seitdem bis jetzt immer recht aktiv und selbstständig gewesen. Vor kurzem hat sie sich bei Ihnen aber darüber beklagt, dass sie oft sehr müde ist. Wenn Sie Ihre Mutter besuchen, fällt Ihnen auf, dass sie häufig Schmerzen zu haben scheint und nur mit Mühe ein Stöhnen unterdrücken kann. Außerdem riecht sie nach Urin. Jedes Mal, wenn Sie sie nach den Schmerzen fragen oder mit ihr über das Thema Inkontinenz sprechen wollen, wird sie wütend und sagt, dass Sie sie in Ruhe lassen sollen. Außerdem hat Ihre Mutter stark abgenommen und scheint irgendwie nicht mehr sie selbst zu sein.

Sie haben Ihrer Mutter vorgeschlagen, zum Arzt zu gehen, aber sie weigert sich hartnäckig. Sie glaubt, dass der Arzt Ihres Vaters schuld an dessen Tod ist, und hat seit damals keine Arztpraxis mehr von innen gesehen. Vor einer Woche ist es zu einer heftigen Auseinandersetzung zwischen Ihnen und Ihrer Mutter gekommen, weil Sie ihr vorgeworfen haben, sich nicht um ihre Gesundheit zu kümmern. Als Sie sie gefragt haben, warum sie so stur ist, hat sie geschrien: »Für mein Leben bin ich selbst verantwortlich!«

Da Ihre Mutter geistig noch voll auf der Höhe ist, hat sie juristisch gesehen das Recht, einen Arztbesuch zu verweigern. Sie sind jedoch der Meinung, dass Ihre Mutter dringend Hilfe braucht, und weil sie sich Sorgen um sie machen, können sie die Situation nicht einfach ignorieren.

So analysieren Sie das Problem

1. Sind sich alle darüber einig, dass ein Problem vorliegt?

Sie und Ihre Mutter wissen, dass mit ihr etwas nicht stimmt. Ihre Mutter bestreitet dies ja auch nicht. Sie weigert sich nur, sich helfen zu lassen, und weiß, dass Sie sie nicht dazu zwingen können.

2. Wie dringend ist das Problem wirklich?

Sie sollten die gesundheitlichen Beschwerden Ihrer Mutter nicht auf die leichte Schulter nehmen. Obwohl die Ursache für ihre Schmerzen und die Inkontinenz nicht unbedingt etwas Ernstes sein muss, ist eine ärztliche Behandlung erforderlich, und das so schnell wie möglich.

3. Was steckt hinter dem problematischen Verhalten Ihrer Mutter?

Die ärztliche Behandlung Ihres Vaters kurz vor dessen Tod hat dazu geführt, dass Ihre Mutter allen Ärzten misstraut. Es könnte sein, dass sie Angst hat, sich einem Arzt »auszuliefern«. Möglich wäre auch, dass sie Angst vor dem hat, was bei einer Untersuchung herauskommen könnte. Vielleicht ist es ihr auch peinlich, über ihre Inkontinenz zu sprechen.

Obwohl sie sagt, dass sie für ihr Leben selbst verantwortlich sei, verhält sie sich eher wie ein ängstliches Kind und nicht wie eine reife, selbständige Frau. Erwachsene, die für ihr Leben die Verantwortung übernommen haben, gehen in der Regel nicht so weit, ihre Gesundheit aufs Spiel zu setzen, nur um zu verdeutlichen, dass sie allein die Verantwortung für sich haben wollen. Ihre Mutter scheint eher von ihrer Angst getrieben zu werden, und nicht von dem Bestreben, ihr Leben selbst zu bestimmen. Falls Sie nicht vorhaben, diese falsche Unabhängigkeit zu respektieren und die Situation einfach zu ignorieren, werden Sie eine Möglichkeit finden müssen, Ihrer Mutter die Hilfe zu verschaffen, die sie braucht – mit oder ohne ihr Einverständnis.

4. In welche emotionale Falle sind Sie getappt?

Zu wissen, dass Ihre Mutter an Inkontinenz leidet und Schmerzen hat, macht Sie traurig. Ihr Kummer könnte jedoch auch daher rühren, dass Sie Schwierigkeiten damit haben, die eindeutig geäußerten Wünsche Ihrer Mutter zu missachten, obwohl hier vielleicht die Gesundheit Ihrer Mutter auf dem Spiel steht. Es ist sehr schwer, diese Art von Verantwortung zu übernehmen, und weitaus einfacher, sich in die Rolle des guten oder gehorsamen Kindes zu flüchten.

5. Wer muss an der Problemlösung beteiligt werden?

Ihre Mutter ist zwar diejenige, die krank ist, aber sie ist offensichtlich nicht in der Lage, sich vernünftig mit Ihnen zu unterhalten. Daher liegt es allein an Ihnen, dafür zu sorgen, dass sie die Hilfe bekommt, die sie braucht.

6. Welches Ziel haben Sie?

Für Ihre Mutter wäre es die ideale Lösung, wenn sie sofort zum Arzt gehen würde. Aber auch ein Gespräch mit einer medizinischen Fachkraft, zum Beispiel einer Pflegekraft oder einer Krankenschwester, die ins Haus kommt, wäre schon ein guter Anfang.

So lösen Sie das Problem

1. Lösungskriterien

Angesichts des schwer wiegenden gesundheitlichen Problems Ihrer Mutter muss die Lösung sofort implementiert werden können.

Ihr Plan sollte möglichst deutlich machen, dass Sie die Einstellung Ihrer Mutter, selbst für ihr Leben verantwortlich zu sein, respektieren. Darüber hinaus sollte er es Ihrer Mutter ermöglichen, Ihrer Lösung zuzustimmen, ohne dabei das Gesicht zu verlieren. Da sie sich bis jetzt strikt geweigert hat, zum Arzt zu gehen, ist es ihr vielleicht peinlich, ihre Entscheidung zu ändern, selbst wenn sie das wollte. (Sie können es ihr leichter machen, wenn Sie ihr sagen, dass Sie die Gründe für ihre anfängliche Weigerung gut verstehen.)

Und schließlich muss die Lösung berücksichtigen, dass Ihre Mutter allen Ärzten misstraut. Obwohl es nicht einfach sein wird, sie zu überzeugen, müssen Sie die Ängste Ihrer Mutter verstehen und ihr versichern, dass sie auch die Meinung eines zweiten Arztes einholen kann, wenn sie mit der Diagnose und der vorgeschlagenen Behandlung des ersten nicht einverstanden ist.

2. Überlegen Sie sich mehrere mögliche Lösungen

Sie könnten versuchen, Ihrer Mutter mehrere Möglichkeiten vorzuschlagen, die für sie akzeptabel sind. Wenn sie sich weigert, zu einem Arzt zu gehen, den sie schon kennt, könnten Sie ihr beispielsweise anbieten, einen neuen Arzt für sie zu suchen. (Ein neuer Anfang wirkt manchmal Wunder.) Wenn sie sagt, dass sie überhaupt keinen Arzt sehen will, ist sie vielleicht damit einverstanden, dass eine Pflegekraft oder Krankenschwester zu ihr ins Haus kommt. Wenn sie weiterhin darauf beharrt, zum jetzigen Zeitpunkt überhaupt kein medizinisches Fachpersonal zu konsultieren, sollten Sie sie fragen, unter welchen Bedingungen sie dazu bereit wäre. Wenn Ihnen diese Bedingungen akzeptabel erscheinen, schreiben Sie sie auf. Lesen Sie Ihrer Mutter das, was Sie aufgeschrieben haben, vor, und lassen Sie sich von ihr versprechen, dass sie sich daran hält. Überlassen Sie ihr die Entscheidung, dann wird sie vielleicht eher bereit sein, zum Arzt zu gehen, wenn es *ihr* notwendig erscheint.

Sie könnten Ihre Mutter auch darüber informieren, welche Ärzte es an ihrem Wohnort gibt, beispielsweise einen Facharzt für Geriatrie oder eine Gynäkologin. Fachärzte machen ihr vielleicht nicht so viel Angst. Sie könnten auch vorschlagen, erst einmal nur

91

zu einem Gespräch in die Praxis zu gehen und sie dabei zu begleiten. Dies könnte Ihrer Mutter die Möglichkeit geben, ihre Entscheidung zu ändern, ohne dabei das Gesicht zu verlieren.

Wenn Sie sich unter gar keinen Umständen behandeln lassen
will, müssen Sie Verwandte, Freunde, den Pfarrer oder andere, denen Ihre Mutter Vertrauen und Respekt entgegenbringt, um Hilfe
bitten. Manchmal hilft eine zahlenmäßige Übermacht, und vielleicht lässt sich Ihre Mutter erweichen, wenn sie feststellt, dass sich
so viele Menschen Sorgen um sie machen. Überzeugen Sie sie gemeinsam davon, dass sie Hilfe annehmen muss.

Als letztes Mittel würde Ihnen nichts anderes übrig bleiben, als
Ihre Mutter beim Sozialdienst oder beim Gesundheitsamt zu melden. Aufgabe dieser Behörden ist es, Senioren vor Misshandlungen,
Vernachlässigung oder Ausbeutung zu schützen. Das Verhalten Ihrer Mutter würde in die Kategorie »Selbstvernachlässigung« fallen
– was leider häufiger vorkommt, als man denkt. Ein Sachbearbeiter
würde sich um den Fall kümmern und aufgrund der Sachlage eine
Empfehlung aussprechen. Je nach Empfehlung würden dann entweder sofort oder auch später entsprechende Maßnahmen ergrif-
fen werden. Auch wenn Sie Ihre Mutter nicht melden wollen,
könnte die Drohung, die Behörden zu verständigen, ausreichen,
um sie zum Einlenken zu bewegen.

3. Analyse der verschiedenen Lösungsmöglichkeiten

Ziel: Wie erreichen Sie, dass Ihre Mutter freiwillig zum Arzt geht
oder zumindest einmal mit einer Fachkraft spricht?
Hier wäre die beste Lösung, Ihrer Mutter Alternativen vorschlagen, die für sie akzeptabel sind.

4. Analyse unter Berücksichtigung von »Murphys Gesetz«

Wenn Ihre Mutter alle vorgeschlagenen Alternativen ablehnt,
können Sie versuchen, Menschen, die sie respektiert, um deren
Teilnahme an einer sorgfältig geplanten Konfrontation zu bitten.

	MÖGLICHE LÖSUNGEN			
KRITERIEN	Nichts tun	Alternativen zum Besuch eines bereits bekannten Arztes vorschlagen	Andere um Hilfe bitten, um Ihre Mutter zu überzeugen	Sozialdienst/ Gesundheitsamt verständigen
Muss schnell implementiert werden können	Nicht zutreffend	Ja	Ja	Ja
Muss das Bedürfnis Ihrer Mutter respektieren, ihr Leben selbst bestimmen zu können	Ja, liegt aber nicht in ihrem Interesse	Ja	Ja	Nein
Muss es Ihrer Mutter möglich machen, Hilfe zu akzeptieren, ohne dabei das Gesicht zu verlieren	Nicht zutreffend	Ja, wenn Sie einfühlsam vorgehen	Ja, wenn sorgfältig geplant	
Muss ihr Misstrauen gegenüber Ärzten berücksichtigen	Ja, liegt aber nicht in ihrem Interesse	Ja	Ja, wenn sorgfältig geplant	Nein

Bei dieser Konfrontation sollte jeder von Ihnen versuchen, Ihre Mutter dazu zu bringen, dass sie Hilfe annimmt. Sprechen Sie mit Ihren Helfern darüber, welches Ziel Sie haben, machen Sie einen Termin aus, und informieren Sie Ihre Mutter über das Treffen. Stellen Sie sich darauf ein, dass Sie bei dem Treffen als Moderator fungieren müssen. Wenn Ihre Mutter damit einverstanden ist, sich helfen zu lassen, müssen Sie schnell handeln, bevor sie ihre Entscheidung wieder ändert. Dies könnte unter Umständen bedeuten, dass Sie noch am *selben Tag* mit ihr zum Arzt gehen.

Es könnte auch sein, dass Ihre Mutter vollkommen unzugänglich wird und sich weigert, mit Ihnen über ihre Gesundheit zu sprechen. Jetzt müssen Sie ruhig bleiben. Lassen Sie nicht zu, dass Ihre Frustration in Wut umschlägt. Stattdessen sollten Sie Ihrer Mutter ganz nüchtern sagen, wie Leid es Ihnen tut, dass sie ihre Gesundheit so vernachlässigt. Sagen Sie ihr, *Sie* würden jetzt dafür sorgen, dass sie die Hilfe bekommt, die sie braucht. Ihre Mutter wird es Ihnen mit Sicherheit nicht leicht machen, aber vielleicht ist sie auch froh darüber, dass ihr die Entscheidung aus der Hand genommen wird.

5. Setzen Sie Ihren Plan um

Bevor Sie mit Ihrer Mutter sprechen, sollten Sie Ihre »Hausaufgaben« machen. Erstellen Sie mit Unterstützung Ihres Arztes oder mithilfe von Verwandten, Freunden oder örtlicher Seniorenzentren eine Liste von Ärzten, die sich auf den Umgang mit älteren Patienten spezialisiert haben. Sprechen Sie mit ihnen, erklären Sie ihnen die Situation, und beurteilen Sie anhand der Antworten, die Sie bekommen, ihre Kompetenz und ob sie für Ihre Mutter geeignet wären. Suchen Sie so lange, bis Sie zwei Ärzte gefunden haben, die Ihren Vorstellungen entsprechen und auch für Ihre Mutter akzeptabel sein könnten. Schreiben Sie sich ihre Namen, Adressen und Telefonnummern auf, und machen Sie sich noch einige Anmerkungen zum jeweiligen Arzt, damit Sie später Informationen parat haben. Bei dem Gespräch mit Ihrer Mutter sollten Sie ihr sagen, was für einen Eindruck die Ärzte auf Sie gemacht haben. Stellen Sie die Vorteile des Arztes, den Sie für besonders geeignet halten, heraus, und tun Sie Ihr Bestes, um Ihre Mutter zu bewegen, zu ihm zu gehen. Sie werden alle Argumente brauchen, die Sie gesammelt haben, um Ihre Mutter zum Einlenken zu bewegen.

Sie sollten sich auch mit einigen Pflegediensten in Verbindung setzen und mit Krankenschwestern oder Pflegekräften sprechen, von denen Sie einige in die engere Wahl ziehen, damit Sie sofort reagieren können, wenn Ihre Mutter mit dieser Lösung einverstanden ist. Suchen Sie sich Adressen und Telefonnummern von Fachärzten an Ihrem Wohnort heraus, die für Ihre Mutter geeignet zu sein scheinen. Notieren Sie sich Namen und Telefonnummern von Leuten, die Ihnen helfen könnten.

Bei dem Gespräch mit Ihrer Mutter sollten Sie ihren Wunsch, selbst über ihr Leben bestimmen zu können, respektieren. Sagen Sie ihr, dass Sie ihr die Entscheidung nicht aus der Hand nehmen, sondern ihr dabei helfen wollen. Dies wird Ihnen gelingen, wenn Sie Ihre Mutter unter den verschiedenen Möglichkeiten, die Sie sich überlegt haben, auswählen lassen und ihr dafür so viel Zeit geben, wie sie braucht.

6. Überprüfen Sie, ob Ihr Plan funktioniert

Ob Ihr Plan funktioniert, wissen Sie in dem Moment, in dem Ihre Mutter sich bereit erklärt, medizinische Hilfe zu akzeptieren. Wenn Sie sich weiterhin weigert oder nach einer gewissen Zeit immer noch nicht beim Arzt war, bleibt Ihnen nichts anderes übrig, als mehr Druck auszuüben und vielleicht sogar den Sozialdienst oder das Gesundheitsamt zu verständigen.

Problem 4
Mein Mutter ist nicht arm, aber sie knausert, um Geld zu sparen

Situation

Ihre verwitwete Mutter ist 88 Jahre alt und hat früher als Ärztin gearbeitet. Finanziell geht es ihr sehr gut, weil sie ihr Geld im Laufe der Jahre klug und umsichtig investiert hat. Vor einigen Jahren hat sie ihr Haus verkauft und ist in eine sehr schön eingerichtete Eigentumswohnung gezogen. Für eine Frau ihres Alters ist sie noch sehr aktiv und unterhält zahlreiche soziale Kontakte. Sie arbeitet ehrenamtlich im Seniorenzentrum ihres Wohnortes mit, liest viel und genießt ihren Lebensabend.

Sie und Ihre beiden Schwestern freuen sich darüber, dass es Ihrer Mutter so gut geht. Aber in den letzten Monaten ist Ihnen etwas aufgefallen, das ganz und gar nicht zu Ihrer Mutter passt und Ihnen und Ihren Schwestern ein Dorn im Auge ist: Ihre Mutter besteht darauf, bei den Dingen, die sie jeden Tag braucht, Geld zu sparen. Manchmal fährt sie zu einem weit entfernten Geschäft, von dem sie weiß, dass sie dort beim Kauf von Toilettenartikeln und Kosmetik ein paar Euro sparen kann. Wenn sie Lebensmittel einkauft, nimmt sie immer heruntergesetzte Artikel, deren Verfallsdatum schon fast abgelaufen ist, und eingebeulte Dosen, die billiger abgegeben werden. Im Winter dreht sie die Thermostate an den Heizkörpern herunter, um Öl zu sparen, so dass es in ihrer Wohnung immer ziemlich kalt ist. Als Sie sie besuchen, werden Sie von einer Eiseskälte empfangen – aber Ihre Mutter behauptet, diese Temperatur sei sehr angenehm für sie, und rechnet Ihnen vor, wie viel Geld sie dadurch spart. Soweit Sie wissen, ist Ihre Mutter durch ihre Pfennigfuchserei noch nicht krank geworden, aber Sie machen sich große Sorgen um sie.

Sie und Ihre Schwestern wissen nicht, warum sie sich so verhält. Sie haben bereits mit ihr darüber gesprochen und ihr wegen ihrer unnötigen Sparsamkeit Vorhaltungen gemacht. »Mutter, du hast mehr als genug Geld auf deinem Sparbuch. Du brauchst nicht so zu leben!« Aber es war alles vergebens. Ihre Mutter behauptet, dass diese Lebensweise genau ihren Vorstellungen entspreche, und sagt, dass es schließlich kein Verbrechen sei, Sonderangebote zu kaufen. »Ich weiß, was ich tue«, hat sie mehr als einmal gesagt und Ihnen auf diese Weise klar gemacht, dass sie Ihre Einmischung nicht schätzt.

So analysieren Sie das Problem

1. Sind sich alle darüber einig, dass ein Problem vorliegt?

Ihre Mutter fühlt sich trotz ihres sparsamen Lebensstils sehr wohl. Darüber hinaus gibt es keinerlei Anzeichen dafür, dass sich ihr Verhalten nachteilig für sie auswirkt. Deshalb ist es noch zu früh, um hier – objektiv gesehen – von einem Problem sprechen zu können. Sie machen sich aber trotzdem Sorgen, weil dieses Verhalten sehr untypisch für Ihre Mutter ist. Zurzeit besteht das einzige »Problem« also darin, dass Sie und Ihre Schwestern sich deshalb Sorgen machen.

2. Wie dringend ist das Problem wirklich?

An dieser Situation ist nichts dringend. Es gibt jedoch zwei Faktoren, die Anlass zur Sorge sind. Zum einen könnte Ihre Mutter einen Fehler machen und etwas kaufen, von dem sie krank wird (beispielsweise Lebensmittel, deren Verfallsdatum abgelaufen ist). Zum anderen ist diese Verhaltensänderung erst in letzter Zeit aufgetreten und könnte daher auch ein Hinweis darauf sein, dass etwas nicht in Ordnung ist.

97

3. Was steckt hinter dem problematischen Verhalten Ihrer Mutter?

Wann immer sich jemand auf eine Art und Weise verhält, die untypisch für ihn ist oder vom bisherigen Verhalten stark abweicht, ist es angebracht, dies näher zu untersuchen. Was Sie herausfinden, kann völlig belanglos oder aber lebenswichtig sein.

Bei Ihrer Mutter könnte es zum Beispiel so sein, dass sie doch nicht so viele Freizeitbeschäftigungen hat, wie Sie gedacht haben, und mit der »Jagd« nach Sonderangeboten etwas Abwechslung in ihren Alltag bringt. Es wäre natürlich auch möglich, dass es ihr einfach Spaß macht, Geld zu sparen, um auf diese Weise sicherzustellen, dass sie immer genug Geld auf dem Sparbuch hat oder Ihnen und Ihren Schwestern nach ihrem Tod mehr hinterlassen kann. Darüber hinaus könnte es wirklich so sein, dass ihr etwas kühlere Wohnungstemperaturen im Winter lieber sind. Nur weil Ihnen kalt ist, wenn Sie Ihre Mutter besuchen, heißt das noch lange nicht, dass es ihr genauso geht.

Eine beunruhigendere Erklärung für das ungewöhnliche Verhalten Ihrer Mutter würde jedoch darin bestehen, dass es das erste Anzeichen für ein psychisches oder psychologisches Problem sein könnte. Wenn Ihnen an Ihrer Mutter in der nächsten Zeit unerklärliche Wutanfälle oder Depressionsschübe auffallen oder sie Dinge vergisst, die für sie selbstverständlich waren, sollten Sie möglichst bald mit ihr zum Arzt gehen.

4. In welche emotionale Falle sind Sie getappt?

Sie befürchten, dass die Lebensweise Ihrer Mutter zu gesundheitlichen Problemen führen könnte. Es wäre auch möglich, dass Ihnen das untypische Verhalten Ihrer Mutter peinlich ist und Sie sich darüber Sorgen machen, andere könnten Ihnen vorwerfen, dass Sie Ihre Mutter in »ärmlichen« Verhältnissen leben lassen.

5. Wer muss an der Problemlösung beteiligt werden?

Zu diesem Zeitpunkt besteht kein Anlass für eine Diskussion zur Problemlösung. Wenn Ihre Mutter infolge ihrer Pfennigfuchserei krank wird oder aber sich merkwürdig benimmt, sollten Sie und Ihre Schwestern ihr gegenüber jedoch einen energischeren Standpunkt vertreten und versuchen, die Situation zu klären.

6. Welches Ziel haben Sie?

Ihr Ziel ist in diesem Fall vorbeugender Natur. Sie wollen Ihre Mutter dazu bringen, mit der Knauserei aufzuhören und so zu leben, wie ihr dies aufgrund ihrer finanziellen Mittel möglich wäre. Das bedeutet, in Geschäften in der Nähe einzukaufen, frische, gesunde Lebensmittel zu wählen und die Heizung im Winter nicht zu sehr herunterzudrehen.

So lösen Sie das Problem

1. Lösungskriterien

Was immer Sie auch tun, Sie müssen das Recht Ihrer Mutter respektieren, so zu leben, wie sie das möchte – egal, ob Ihnen das gefällt oder nicht. Es gibt nur zwei Bedingungen, unter denen Sie die Entscheidungen Ihrer Mutter missachten dürfen: (1) Wenn sie aufgrund ihrer Verhaltensweise krank wird, oder (2) wenn sie sich aufgrund einer Beeinträchtigung ihrer geistigen Fähigkeiten selbst in Gefahr bringt.

Ihre Lösung muss Ihnen und Ihren Schwestern also das Gefühl geben, alles zu tun, was Sie für Ihre Mutter tun können. Darüber hinaus muss sie Ihnen die Gelegenheit geben, mit Ihrer Mutter über deren Verhaltensweise zu sprechen, damit Sie ihre Gründe dafür besser verstehen und feststellen können, ob weitere Verhaltensänderungen eine ärztliche Untersuchung rechtfertigen.

99

2. Überlegen Sie sich mehrere mögliche Lösungen

Obwohl nichts zu tun nur selten der beste Weg zur Lösung eines Problems mit alt gewordenen Eltern ist, macht eine abwartende Haltung manchmal doch Sinn. In diesem Fall sollten Sie mit Ihrer Mutter über Ihre Entscheidung sprechen und ihr erklären, dass Sie sich so lange nicht in ihr Leben einmischen werden, wie es ihr gut zu gehen scheint. Sagen Sie ihr aber auch, dass Sie sofort eingreifen werden, wenn sie sich durch ihre Knauserei selbst in Gefahr bringt.

Darüber hinaus sollten Sie sich in regelmäßigen Abständen mit Ihrer Mutter darüber unterhalten, warum sie so auf den Pfennig sieht, und sie daran erinnern, dass sie das eigentlich gar nicht nötig hätte.

Eine andere Möglichkeit, die Ihre Bedenken vielleicht ausräumen könnte, wäre es, wenn Sie für Ihre Mutter einkaufen gingen.

3. Analyse der verschiedenen Lösungsmöglichkeiten

Ziel: Wie bringen Sie Ihre Mutter dazu, mit ihrer Knauserei aufzuhören?

Die beste Lösung wäre, Ihre Mutter regelmäßig zu besuchen und nachzusehen, wie es ihr geht. Das gibt Ihnen das Gefühl, etwas zu tun, geht aber nicht so weit, dass Sie gegen das Selbstbestimmungsrecht Ihrer Mutter verstoßen.

4. Analyse unter Berücksichtigung von »Murphys Gesetz«

Da Ihre Lösung wenig Beteiligung von Ihrer Mutter erfordert, kann eigentlich nicht viel schiefgehen. Es gibt jedoch keine Garantie dafür, dass Ihre Mutter mit Ihnen über ihr Verhalten spricht, vor allem, wenn Sie ihr deshalb Vorwürfe machen. Sollte sie nicht mit Ihnen darüber reden wollen, müssen Sie sich entschuldigen und damit aufhören. Akzeptieren Sie, dass es ihre Entscheidung ist, jeden Pfennig zweimal umzudrehen – so lange sie dabei gesund bleibt.

KRITERIEN	MÖGLICHE LÖSUNGEN		
	Nichts tun (aber trotzdem beobachten)	Häufige Besuche, um Motivation zu verstehen, Verhalten zu beobachten und Hinweise auf finanzielle Situation zu geben	Für Ihre Mutter einkaufen gehen
Muss das Recht Ihrer Mutter achten, selbst über ihr Leben zu bestimmen	Ja	Ja	Nein
Muss Sicherheit und Gesundheit Ihrer Mutter gewährleisten	Ja, es sei denn, Sie tun nichts, wenn sich etwas ändert	Ja	Ja
Muss Ihnen und Ihren Schwestern das Gefühl geben, alles für Ihre Mutter zu tun, was möglich ist	Nein	Sofern dies möglich ist, darf aber nicht so weit gehen, dass Sie ihr die Entscheidungen abnehmen	Ja
Muss Ihnen und Ihren Schwestern die Möglichkeit geben, Anzeichen für ein gesundheitliches Problem Ihrer Mutter festzustellen	Ja	Ja	Möglich, aber wenn Sie die Kontrolle übernehmen, kann dies das Problem verdecken

5. Setzen Sie Ihren Plan um

Ihr Plan besteht eigentlich aus drei Teilen.

1. Sie müssen Ihre Mutter bei Ihren Besuchen genau beobachten. Wenn Sie der Meinung sind, dass sie sich sonderbar benimmt, ist eine gründliche ärztliche Untersuchung anzuraten. Ihre Mutter dazu zu bringen, einer solchen Untersuchung zuzu-

101

stimmen, dürfte dann das nächste Problem werden, das Sie lösen müssen.

2. Sie müssen sicherstellen, dass Ihre Mutter einen genauen Überblick über ihre finanzielle Situation hat. Sie könnten sie beispielsweise von Zeit zu Zeit fragen, ob Sie ihr bei der Prüfung der Kontoauszüge helfen sollen. Auf diese Weise können Sie sie daran erinnern, dass ihr recht viel Geld zur Verfügung steht. Vielleicht ändert sie ihr Verhalten dann. Falls Ihre Mutter einen Steuer- oder Finanzberater hat, könnten Sie diesen bitten, regelmäßig mit Ihrer Mutter über deren Vermögen zu sprechen, um ihr ins Gedächtnis zu rufen, wie ihre finanzielle Situation aussieht.

3. Sie müssen Ihrer Mutter sagen, dass Sie und Ihre Schwestern sich wegen ihrer Lebensweise Sorgen machen. Damit respektieren Sie das Recht Ihrer Mutter, ihr Leben so zu führen, wie sie das möchte, machen ihr aber gleichzeitig deutlich, wie beunruhigt die Familie darüber ist, dass sie nicht in den Verhältnissen lebt, die sie sich leisten könnte.

6. Überprüfen Sie, ob Ihr Plan funktioniert

Ihr Plan war erfolgreich, wenn Ihre Mutter mit der Knauserei aufhört. Wenn Sie feststellen, dass sie wieder in Geschäften in der Nähe einkauft und Lebensmittel besserer Qualität nach Hause bringt und es im Winter in der Wohnung wieder wärmer ist, werden Sie wissen, dass Sie mit Ihrer Strategie etwas ausrichten konnten.

Ihr Ziel haben Sie aber auch erreicht, wenn Ihre Mutter ihr Verhalten nicht ändert, Sie und Ihre Schwester aber davon überzeugt sind, dass es ihrer Mutter gut geht, und Sie die Gründe für ihren Lebensstil akzeptieren können.

Problem 5
Meine Schwestern streiten sich wegen der Betreuung unserer Eltern, und alle glauben, dass ich helfen kann

Situation

Sie haben zwei Schwestern, Michaela und Gabriele, die beide verheiratet sind und Kinder im Teenageralter haben. Die beiden leben in der Nähe Ihrer Eltern, die jetzt Anfang achtzig sind. Sie dagegen sind vor einigen Jahren aus der Gegend weggezogen, als Ihr Mann einen neuen Job annahm. Sie vermissen Ihre Familie und wünschten, Sie könnten sie öfter sehen.

Vor sechs Monaten hatten Ihre Eltern einen Autounfall. Ihre Mutter brach sich ein Bein, ihr Vater erlitt eine Gehirnerschütterung und einen Hüftbruch. Ihre Schwestern sind sofort eingesprungen, um Ihre Eltern zu betreuen, und haben sich ein System ausgedacht, um alle Aufgaben untereinander aufzuteilen. Seit dem Unfall besuchen Sie Ihre Eltern einmal im Monat, rufen häufig an und versuchen, alle zu unterstützen, soweit es Ihnen möglich ist. Obwohl es Ihren Eltern langsam besser geht, haben sich weder Ihre Mutter noch Ihr Vater so schnell wie erwartet erholt. Das hat dazu geführt, dass Ihre Schwestern inzwischen mehr zu tun haben, als sie gedacht hatten, und dies auch noch über einen längeren Zeitraum als geplant.

In letzter Zeit hat sich die Situation stark verschlechtert. Ihre Schwestern streiten ständig miteinander. Michaela ist beispielsweise der Meinung, dass Gabriele nicht so viele Aufgaben übernimmt, wie sie eigentlich sollte. Gabriele wirft Michaela vor, alles und alle kontrollieren zu wollen und ihr jedes Mitspracherecht zu verweigern. Beide Schwestern rufen ständig bei Ihnen an, um sich übereinander zu beschweren. Noch mehr Sorgen macht Ihnen allerdings, dass inzwischen auch Ihre Eltern bei Ihnen anrufen, die wegen der Streitereien Ihrer Schwester sehr niedergeschlagen sind.

Gestern Abend hat Ihre Mutter am Telefon geweint und gesagt: »Ich halte das nicht mehr aus. Dein Vater und ich sind für die beiden eine viel zu große Belastung. Vielleicht sollten wir in ein Altersheim gehen.«

So analysieren Sie das Problem

1. Sind sich alle darüber einig, dass ein Problem vorliegt?

Niemand bestreitet, dass es ein Problem gibt. Die Spannungen, die sich zwischen Ihren Schwestern entwickelt haben, wirken sich auf ihr Verhältnis zueinander und auf den Seelenfrieden Ihrer Eltern aus. Und Sie sind nicht glücklich darüber, zwischen allen Stühlen zu sitzen.

2. Wie dringend ist das Problem wirklich?

Dieses Problem ist ziemlich dringend. Alle sind sehr gestresst, was dazu führen könnte, dass die Betreuung Ihrer Eltern nicht mehr gewährleistet ist. Obwohl Ihre Eltern in ihrem eigenen Haus viel besser aufgehoben sind, haben sie vielleicht Schuldgefühle, was dazu führen könnte, dass sie darauf bestehen, in ein Alters- oder Pflegeheim zu ziehen. Wenn Ihre Schwestern zu diesem Zeitpunkt Ihre Streitereien noch nicht beigelegt haben, könnten sie versucht sein, Ihren Eltern zuzustimmen. Sie selbst leben zu weit weg, um bei der Betreuung Ihrer Eltern mithelfen zu können, sind aber in einer Position, in der Sie allen helfen können, sich über die Situation klar zu werden und Alternativen vorzuschlagen.

3. Was steckt hinter dem problematischen Verhalten Ihrer Schwestern?

Einige der Gründe für die Streitereien Ihrer Schwestern sind ganz offensichtlich. Da Ihre Eltern sich nicht so schnell wie erwartet wieder erholen, ist ihre Betreuung zu einer langfristigen Aufgabe für Ihre Schwestern geworden, bei der kein Ende in Sicht ist. Da die beiden die Rolle als Betreuerinnen ihrer Eltern von einem Tag auf den anderen übernehmen mussten, war ihnen nicht klar, welche Auswirkungen dies auf ihr Leben und ihre eigene Familie haben würde.

Allerdings ist nicht klar, warum Ihre Schwestern nicht in der Lage sind, ihre Streitereien beizulegen. Es könnte sein, dass hier bereits vergessen geglaubte Rivalitäten darüber, wer das »bessere« Kind ist, ausgetragen werden. Oder die beiden ärgern sich darüber, dass Sie nichts zur Betreuung der Eltern beitragen, und versuchen, Sie in die Situation mit hineinzuziehen, indem sie ständig bei Ihnen anrufen und sich über alles beschweren. Da Ihre Schwestern am Anfang jedoch gut miteinander ausgekommen sind, ist es sehr wahrscheinlich, dass die wachsenden Spannungen untereinander erste Anzeichen für einen Burnout sind.

4. In welche emotionale Falle sind Sie getappt?

Sie sind natürlich sehr betroffen angesichts der schwierigen Situation, mit der Ihre Schwestern und Ihre Eltern gerade zu kämpfen haben, und Sie haben wahrscheinlich ein schlechtes Gewissen, weil sie so weit weg wohnen. Außerdem erwarten jetzt sämtliche Angehörigen Ihrer Familie, dass Sie alles irgendwie in Ordnung bringen werden. Sie wären kein normaler Mensch, wenn Sie sich unter diesen Umständen *nicht* unter Druck gesetzt fühlen würden.

Der Stress, der durch diesen Druck ausgeübt wird, kann Sie in zweierlei Hinsicht beeinflussen. Zum einen könnten Sie dadurch versucht sein, das Problem schnell und im Alleingang zu lösen, ohne sämtliche verfügbaren Ressourcen zu nutzen. Zum anderen könnte er Sie davon abhalten, sich selbst gegenüber einzugestehen, dass es Sie wütend macht, in die Rolle der »Familienretterin« gedrängt zu werden. Diese unterdrückten Gefühle können ganz plötzlich aus Ihnen herausbrechen, so dass Sie Ihren Eltern oder Schwestern gegenüber vielleicht ungeduldig oder verärgert reagieren, was sämtliche Hilfeversuche Ihrerseits zum Scheitern bringen wird.

5. Wer muss an der Problemlösung beteiligt werden?

An der Problemlösung sollten sämtliche Familienmitglieder beteiligt werden – aber nicht alle auf einmal. Sie werden zunächst mit Ihren Schwestern darüber sprechen müssen, welche Beschwerden und Schwierigkeiten die beiden konkret haben. Danach müssen Sie sich mit Ihren Eltern unterhalten, selbst wenn Sie ihnen bei diesem Gespräch lediglich versichern, dass die Familie das Problem lösen kann.

6. Welches Ziel haben Sie?

Ihr Ziel besteht darin, eine Möglichkeit zu finden, die Ihren Eltern eine angemessene Betreuung und Pflege bei sich zu Hause sichert, ohne dabei jedoch Ihre Schwestern oder Sie selbst zu sehr zu beanspruchen.

So lösen Sie das Problem

1. Lösungskriterien

Die Lösung muss sicherstellen, dass die Bedürfnisse Ihrer Eltern erfüllt werden, ohne dass diese den Eindruck bekommen, ihren Kindern zur Last zu fallen. Ihre Schwestern müssen von einigen Aufgaben entlastet werden, um wieder Zeit für ihr eigenes Leben zu haben. Außerdem wollen Sie die Anzahl der »Notrufe« seitens Ihrer Schwestern und Eltern reduzieren. Und schließlich muss die Lösung auch die finanziellen Möglichkeiten Ihrer Familie berücksichtigen.

2. Überlegen Sie sich mehrere mögliche Lösungen

Eine Lösung könnte darin bestehen, Ihren Schwestern bei der Beilegung ihres Streits zu helfen, damit diese die Betreuung der Eltern fortsetzen können. Eine zweite Lösung wäre es, Ihre Eltern durch Ihre Schwestern *und* professionelle Pflegekräfte betreuen zu lassen. Wie oft und wie lange eine Pflegekraft ins Haus kommen und welche Aufgaben sie übernehmen soll, müsste unter Berücksichtigung der Kosten noch festgelegt werden. Eine dritte Möglichkeit würde darin bestehen, für Ihre Eltern so lange eine Rundumbetreuung durch einen Pflegedienst zu organisieren, bis sie wieder ganz gesund sind. Auch in diesem Fall spielen die Kosten eine nicht unerhebliche Rolle. Und schließlich könnten Ihre Eltern in eine Einrichtung für betreutes Wohnen ziehen, falls es in der Nähe eine geeignete gibt, die sie sich leisten können. (Hier ist jedoch Vorsicht angebracht: Der Wunsch Ihrer Mutter, in ein Altersheim zu ziehen, scheint in erster Linie durch Schuldgefühle und Kummer entstanden zu sein und ist vermutlich nicht das, was Ihre Eltern wirklich wollen. Sie sollten in diesem Punkt die Wünsche und die emotionale Verfassung Ihrer Eltern berücksichtigen.)

3. Analyse der verschiedenen Lösungsmöglichkeiten

Ziel: Wie können Sie Ihren Eltern eine angemessene Betreuung sichern, ohne zu viel von Ihren Schwestern oder Ihnen selbst zu verlangen?

Zu diesem Zeitpunkt wäre es für alle die beste Lösung, wenn stundenweise eine Pflegekraft für Ihre Eltern organisiert wird, die Ihre Schwestern bei der Betreuung unterstützt.

4. Analyse unter Berücksichtigung von »Murphys Gesetz«

Es könnte sein, dass es Ihnen trotz aller Bemühungen nicht gelingt, Ihren Schwestern bei der Beilegung ihres Streits zu helfen, und die beiden unmöglich wieder zusammenarbeiten können, selbst dann nicht, wenn sie dabei von einer professionellen Pflegekraft unterstützt werden. In diesem Fall wäre es vielleicht sinnvoll, einen objektiven Dritten um Hilfe zu bitten, beispielsweise einen Mitarbeiter des Pflegedienstes, für den Sie sich entschieden haben.

		MÖGLICHE LÖSUNGEN			
KRITERIEN	Nichts tun	Ihren Schwestern bei der Beilegung Ihres Streits helfen, damit sie wieder gemeinsam die Betreuung übernehmen können	Stundenweise Betreuung durch eine professionelle Pflegekraft organisieren	Pflegekraft organisieren	Umzug Ihrer Eltern in eine Einrichtung für betreutes Wohnen
Muss die physischen und psychischen Bedürfnisse Ihrer Eltern erfüllen	Ja, aber nicht für lange	Ja	Ja	Physische Bedürfnisse ja, emotionale unwahrscheinlich	Physische Bedürfnisse ja, emotionale unwahrscheinlich
Muss Ihren Schwestern einige Aufgaben abnehmen	Nein	Nein	Ja	Nein	Ja
Muss die Anzahl der »Notrufe« an Sie verringern	Nein	Ja	Vermutlich	Ja	Sehr wahrscheinlich
Muss die finanzielle Situation der Familie berücksichtigen	Ja	Ja	Vermutlich	Nein	Nein

Selbst wenn Ihre Schwestern sich wieder vertragen und mit einer stundenweisen Entlastung durch eine Pflegekraft einverstanden sind, ist ein Erfolg noch nicht garantiert. Zum einen könnte es schwierig sein, eine entsprechende Hilfe zu finden und zu bezahlen. In diesem Fall sollte sich die ganze Familie zusammensetzen und über die verschiedenen Möglichkeiten und Kosten sprechen. Ratsam wäre auch ein Gespräch mit verschiedenen privaten Pflegediensten, Einrichtungen der öffentlichen Hand, der Nachbarschaftshilfe oder Wohlfahrtsorganisationen wie dem Roten Kreuz oder der Arbeiterwohlfahrt.

Es könnte eine Weile dauern, einen geeigneten Pflegedienst mit qualifizierten Kräften zu finden. Wenn Sie jemanden gefunden haben, wird es mit ziemlicher Sicherheit eine Weile dauern, bis sich Ihre Eltern und Ihre Schwestern an die neue Situation gewöhnt haben. Außerdem sollten Sie damit rechnen, dass es in der ersten Zeit zu »Territorialkämpfen« kommen könnte, die meist dann stattfinden, wenn Außenstehende jemanden zu Hause pflegen. In dieser Zeit müssen alle viel Geduld haben. Ihre Schwestern werden außerdem lernen müssen, eng mit der Pflegekraft zusammenzuarbeiten, damit unmissverständlich klar ist, wer für welche Aufgaben die Verantwortung trägt.

Es wäre natürlich auch möglich, dass die Zusammenarbeit mit dem Pflegedienst beziehungsweise der Pflegekraft nicht funktioniert. Wenn die Betreuung durch mangelnde Erfahrung oder schlechte Ausbildung gefährdet ist, oder Ihre Schwestern oder Eltern die Pflegekraft nicht mögen und deshalb nicht mit ihr zurechtkommen, müssen Sie für geeigneten Ersatz sorgen.

5. Setzen Sie Ihren Plan um

Da Sie bereits zur Friedensstifterin ernannt worden sind, sollten Sie diesen Umstand bei der Implementierung Ihres Plans nutzen:
- Bevor Sie auch nur das Geringste unternehmen, sollten Sie Ihre Schwestern anrufen und ihnen sagen, dass Sie sich mit ihnen treffen wollen, um über ihre ständigen Streitereien und Schwierigkeiten zu sprechen und nach möglichen Lösungen zu suchen. (Die in Kapitel 2 vorgestellten Kommunikationsstrategien werden Ihnen hier mit Sicherheit nützlich sein.)
- Vor dem Treffen mit Ihren Schwestern sollten Sie Ihren Eltern sagen, was Sie vorhaben, und ihnen versprechen, dass Sie sie nach der Diskussion mit Ihren Schwestern über das Ergebnis informieren werden. Versichern Sie ihnen, dass es zahlreiche Möglichkeiten gibt, die alle nichts mit einem Heim zu tun haben, und dass Sie wissen müssen, was sie von Ihren Lösungsvorschlägen halten.

- Treffen Sie sich mit Ihren Schwestern an einem Ort, mit dem alle einverstanden sind. Da beide Schwestern in der Nähe Ihrer Eltern wohnen, werden Sie wohl zu ihnen fahren müssen. Das wiederum bedeutet, dass Sie Ihr Vorhaben mit Ihrem Mann, den Kindern und Ihrem Arbeitgeber besprechen – allen, die von Ihrer Abwesenheit betroffen sein könnten – und Vorkehrungen treffen müssen, um die Folgen auf ein Minimum zu reduzieren.
- Schließlich sollten Sie Ihre Schwestern bei dem Gespräch dazu ermutigen, offen darüber zu sprechen, warum sie so unzufrieden sind und so oft miteinander streiten, und nach Möglichkeiten zu suchen, die Differenzen untereinander beizulegen. Selbst wenn das Gespräch erfolgreich verlaufen ist und Ihre Schwestern sich wieder vertragen, wäre es vielleicht sinnvoll, einen entsprechend ausgebildeten Dritten, beispielsweise einen Familientherapeuten, heranzuziehen. Dieser kann den beiden dabei helfen, die Folgen zu bewältigen, die eine längerfristige Betreuung der Eltern für sie selbst und ihre Familien hat.

Darüber hinaus wird Ihre Familie erst einmal herausfinden müssen, welche Pflegedienste oder ähnlichen Einrichtungen an ihrem Wohnort vorhanden und wie hoch die Kosten dafür sind. Sie müssen einen Pflegedienst auswählen und die Aufgabenverteilung besprechen. Achten Sie darauf, dass Ihre Schwestern und Ihre Eltern mit dem ausgewählten Pflegedienst und dessen Pflegekräften einverstanden sind. Sind sie das nämlich nicht, ist Ihr Plan von vornherein zum Scheitern verurteilt.

6. Überprüfen Sie, ob Ihr Plan funktioniert

Ob Ihr Plan funktioniert, werden Sie wissen, wenn Sie die ersten Rückmeldungen von Ihren Schwestern und Eltern bekommen. Das heißt, sowohl Ihre Schwestern als auch Ihre Eltern sagen, dass sie zufrieden sind, und die »Notrufe« hören auf. Wenn Ihre Schwestern dagegen weiterhin bei Ihnen anrufen und sich beschweren, und Ihre Eltern sich immer noch sehr niedergeschlagen anhören, werden Sie wissen, dass irgendein Teil Ihres Plans nicht funktioniert und daher überarbeitet werden muss.

Problem 6
Mein 82-jähriger Vater will eine Frau heiraten, die er gerade erst kennen gelernt hat

Situation

Ihr recht wohlhabender Vater ist seit fast zehn Jahren verwitwet. Er hat lange gebraucht, um über den Tod Ihrer Mutter hinwegzukommen, aber seit ein paar Jahren ist er wieder sehr aktiv und scheint glücklich zu sein. Er geht regelmäßig zu den Veranstaltungen, die vom Seniorenzentrum seines Wohnorts angeboten werden, und ist dort wegen seiner charmanten, weltläufigen Art sehr beliebt.

Außerdem fährt er trotz seiner 82 Jahre immer noch Auto. Es ist also kein Wunder, dass er bei den Frauen im Seniorenzentrum sehr »begehrt« ist, ein Umstand, den Sie mit einem Schmunzeln zur Kenntnis genommen haben. Sie und Ihr Bruder hatten immer ein gutes Verhältnis zu Ihrem Vater. Er hat mehr als einmal zu Ihnen beiden gesagt, dass sie und Ihre Familien nach seinem Tod gut versorgt sein werden.

Vor zwei Wochen hat Ihr Vater an einem Samstagmorgen sehr früh – für ihn ungewöhnlich – bei Ihnen angerufen und gefragt, ob er vorbeikommen könne, weil er Ihnen etwas Wichtiges zu sagen habe. Sie antworteten, er könne gleich kommen. Als er bei Ihnen war, erzählte er Ihnen, dass er vor kurzem eine Frau kennen gelernt und sich in sie verliebt habe. »Martha ist 62 und seit einem Jahr verwitwet«, schwärmte er. »Wir sind so glücklich miteinander.« Und dann ließ er die Bombe platzen – sie wollen in sechs Wochen heiraten. Sie waren sprachlos. Den Rest der Unterhaltung bekamen Sie gar nicht mehr richtig mit. Sie hatten nur noch einen Gedanken – »ich muss sofort Andreas anrufen!«. Sie hofften, Ihren Vater mit Hilfe Ihres Bruders und Ihrer beider Ehepartner zur Vernunft bringen zu können.

Drei Tage nach dem Gespräch mit Ihrem Vater luden Sie ihn zum Essen mit der ganzen Familie bei sich zu Hause ein und versuchten, mit ihm über die geplante Heirat zu sprechen. Es war eine Katastrophe. Er konnte es nicht abwarten, allen die Neuigkeit mitzuteilen, und schien gar nicht zu bemerken, dass Sie sich nicht so richtig freuen wollten. Sie und Ihr Bruder hatten Mühe, die richtigen Worte zu finden, sagten ihrem Vater dann aber doch, wie schockiert und besorgt sie wegen seiner Entscheidung seien, eine Frau zu heiraten, die er gerade erst kennen gelernt hatte. Zuerst schien er verletzt zu sein, aber dann wurde er wütend. Obwohl sie noch versuchten, die Wogen zu glätten, war klar, was sie von der Heirat halten. Ihr Vater war tief getroffen. Er beruhigte sich wieder, ging aber sehr früh mit der Begründung, er müsse nach Hause. Sie, Ihr Bruder und Ihre Ehepartner hatten ein schlechtes Gewissen.

In der Zwischenzeit haben Sie und Ihr Bruder Ihren Vater mehrmals angerufen, aber immer nur seinen Anrufbeantworter erreicht. Und trotz Ihrer Bitte, Sie zurückzurufen, hat er sich bis jetzt nicht gemeldet.

So analysieren Sie das Problem

1. Sind sich alle darüber einig, dass ein Problem vorliegt?

Sie, Ihr Bruder und Ihre Ehepartner sind der Meinung, dass es ein Problem gibt, Ihr Vater dagegen nicht. Sie sind beunruhigt darüber, wie schnell er sich zu dieser Heirat entschlossen hat, und befürchten, dass sie für ihn und den Rest der Familie negative Folgen hat. Sie malen sich aus, was passieren könnte, wenn die Beziehung nicht funktioniert. Und da der Altersunterschied zwischen den beiden zwanzig Jahre beträgt, haben Sie außerdem den Verdacht, dass Martha vor allem am Geld Ihres Vaters interessiert ist.

Für Ihren Vater besteht das Problem einzig und allein darin, dass seine Familie mit der geplanten Heirat, die für ihn das höchste Glück bedeutet, nicht einverstanden ist.

113

2. Wie dringend ist das Problem wirklich?

Die Hochzeit soll in wenigen Wochen stattfinden. Falls Sie noch Zweifel an der Entschlossenheit Ihres Vaters hatten, dürften sich diese inzwischen in Luft aufgelöst haben, da Ihr Vater Ihre Anrufe nicht erwidert. Wenn nicht bald etwas geschieht, um ihn von seinem Entschluss abzubringen, wird er Martha mit Sicherheit heiraten.

3. Was steckt hinter dem problematischen Verhalten Ihres Vaters?

Warum sich Ihr Vater verliebt hat, lässt sich in seinem Fall genauso wenig erklären wie bei anderen Leuten. Aber die Tatsache, dass er sich weigert, mit Ihnen über seine Entscheidung zu sprechen, legt nahe, dass er nichts von dem, was Sie und Ihren Bruder bedrückt, hören will. Er scheint sich nicht ganz darüber im Klaren zu sein, welche Folgen die Heirat haben könnte.

4. In welche emotionale Falle sind Sie getappt?

Sie machen sich Sorgen um Ihren Vater. Obwohl er im Vollbesitz seiner geistigen Kräfte ist, können Sie ihm nicht begreiflich machen, dass seine Entscheidung möglicherweise eine emotionale Katastrophe für ihn selbst und eine finanzielle Katastrophe für die Familie bedeutet.

5. Wer muss an der Problemlösung beteiligt werden?

An der Diskussion über die Entscheidung Ihres Vaters müssen Ihr Vater, Ihr Bruder und Sie beteiligt sein.

6. Welches Ziel haben Sie?

Sie haben weder das Recht noch die Macht, Ihren Vater vom Heiraten abzuhalten. Sie können ihn nicht für unmündig erklären lassen, weil er das nämlich nicht ist. Sie können ihn auch nicht wie einen liebeskranken Teenager behandeln und in die Ferien schicken, damit er das Ganze vergisst. Ihr Ziel besteht daher aus zwei Teilen. Zum Einen müssen Sie herausfinden, ob Marthas Zuneigung zu Ihrem Vater echt ist, und zum anderen müssen Sie sicherstellen, dass das Vermögen Ihres Vaters für den Fall, dass die Hochzeit stattfindet, geschützt ist.

Um Ihr Ziel zu erreichen, müssen Sie Ihren Vater davon überzeugen, dass es besser ist, nichts zu überstürzen und mit der Hochzeit noch etwas zu warten. Denn dann haben Sie und Ihre Familie die Möglichkeit, Martha kennen zu lernen, und Ihr Vater kann sich in Ruhe überlegen, was er wegen seines Vermögens unternehmen möchte. (In diesem Fall wäre ein Ehevertrag wohl die einfachste Lösung, um das Vermögen ihres Vaters zu schützen. Aber zu der Zeit, als Ihr Vater und Ihre Mutter geheiratet haben, waren Eheverträge nicht üblich, so dass er diese Möglichkeit vielleicht noch gar nicht in Betracht gezogen hat. Außerdem war bei der Hochzeit Ihrer Eltern vermutlich noch nicht viel Geld da.)

So lösen Sie das Problem

1. Lösungskriterien

Ihre Lösung muss Ihrem Vater deutlich machen, dass Sie und Ihr Bruder alles tun wollen, damit Ihr Vater glücklich wird, und nicht versuchen, die Kontrolle über sein Leben an sich zu reißen. Sie muss Ihnen und Ihrem Bruder die Möglichkeit geben, Martha kennen zu lernen, um festzustellen, ob Sie Grund zur Sorge haben. Unabhängig davon, wie Marthas Gefühle aussehen, muss die Lösung auch garantieren, dass das Vermögen Ihres Vaters geschützt wird. Und schließlich muss sie Ihrem Vater die Möglichkeit geben, seine Entscheidung zu revidieren, ohne dabei das Gesicht zu verlieren.

2. Überlegen Sie sich mehrere mögliche Lösungen

Sie und Ihr Bruder hatten noch keine Gelegenheit, mit Ihrem Vater über Ihre Befürchtungen zu sprechen. Deshalb könnte eine Lösung darin bestehen, ein Gespräch mit ihm zu vereinbaren, bei dem Sie offen und ehrlich über die Situation sprechen. Bei diesem Gespräch müssen zwei Punkte angesprochen werden – die Gefühle Ihres Vaters und seine finanzielle Situation. Allerdings würde es nicht gerade einen guten Eindruck machen, wenn Sie nach der »Funkstille« zwischen Ihnen und Ihrem Vater ein Gespräch vereinbaren wollen, bei dem es lediglich um Ihr Erbe geht. Ein erster Schritt sollte also darin bestehen, mit Ihrem Vater über dessen Heiratspläne und seine Beziehung zu Martha zu sprechen.

Eine weitere Lösung könnte sein, sofort den Versuch zu starten, die Hochzeit noch etwas hinauszuschieben, damit Sie und Ihre Familie darüber sprechen können, welche Folgen diese Heirat für Sie alle hat. Dies ist insbesondere dann von größter Wichtigkeit, wenn Sie den Verdacht haben, dass er unter anderem deshalb so überstürzt handelt, weil er mit seinen Kindern nicht über die Themen sprechen will, die diesen wichtig sind.

Eine andere Lösung wäre, Ihren Vater zusammen mit Martha einzuladen, damit die Familie sie kennen lernen kann. Wenn Sie einen ersten Eindruck von der zukünftigen Frau Ihres Vaters haben und sehen, wie sie sich im gegenüber verhält, könnte dies der erste Schritt zu einer freimütigen Diskussion darüber sein, was Ihr Vater in Bezug auf sein Vermögen zu tun gedenkt. Bei diesem Gespräch sollten Sie und Ihr Bruder, Ihre Ehepartner, Ihr Vater und Martha dabei sein. Wenn alle an diesem Gespräch teilnehmen, schließen Sie Missverständnisse von vornherein aus und haben darüber hinaus Gelegenheit, festzustellen, wie Martha zu diesem Thema steht.

3. Analyse der verschiedenen Lösungsmöglichkeiten

Ziel: Wie können Sie sicherstellen, dass die Heirat Ihres Vaters weder zu einer emotionalen noch zu einer finanziellen Katastrophe für ihn wird?

KRITERIEN	MÖGLICHE LÖSUNGEN				
	Nichts tun	Mit Ihrem Vater sprechen und ihm Ihre Bedenken mitteilen	Ihren Vater dazu bringen, den Termin für die Hochzeit hinauszuschieben	Ihren Vater zusammen mit Martha zu einem Familientreffen einladen	Gespräch über die finanziellen Pläne Ihres Vaters führen
Muss Ihrem Vater deutlich machen, dass Sie und Ihr Bruder nicht die Absicht haben, die Kontrolle über sein Leben an sich zu reißen	Ja	Vermutlich	Ja, wenn er versteht, warum Sie die Hochzeit hinausschieben wollen	Ja	Ja, wenn Ihr Vater ein solches Gespräch ebenfalls für notwendig hält
Muss Ihnen die Möglichkeit geben, sich Klarheit über Marthas Gefühle zu verschaffen	Nein	Nein, es sei denn, Ihr Vater sagt etwas dazu	Nein, aber es wird Ihnen die notwendige Zeit verschaffen, sich einen zu machen	Ja, da Sie sehen können, wie Martha sich Ihrem Vater gegenüber verhält	Ja, da Sie anhand von Marthas Reaktion vermutlich auf ihre Motivation schließen können
Muss sicherstellen, dass der Familie ihr Anteil an seinem Vermögen zukommen wird	Nein	Nein, da es bei dem Gespräch lediglich darum geht, mehr Informationen zu bekommen	Nein, aber es wird Ihnen Zeit verschaffen, um über die Folgen zu sprechen	Nein	Vermutlich, abhängig vom Ergebnis des Gesprächs
Muss Ihrem Vater die Möglichkeit geben, seine Entscheidung zu revidieren, ohne dabei das Gesicht zu verlieren	Nicht zutreffend	Ja, wenn er Ihre Bedenken für berechtigt hält	Ja, da es Ihrem Vater Zeit verschafft, um über seinen Entschluss nachzudenken	Ja, wenn ihr Verhalten auf zweifelhafte Motive schließen lässt	Ja, denn wenn Martha Ihrem Vater in diesem Punkt widerspricht, wird klar, welchen Zweck sie mit der Heirat verfolgt

Die beste Lösung wäre eine Kombination aus mehreren Vorschlägen. Da Sie nicht wissen, welche finanziellen oder juristischen Vorkehrungen Ihr Vater bereits getroffen hat, und auch nicht klar ist, ob Martha Ihren Vater nur des Geldes wegen heiraten will, werden Sie Ihren Plan auf das abstimmen müssen, was Sie bei den Gesprächen mit Ihrem Vater herausfinden.

4. Analyse unter Berücksichtigung von »Murphys Gesetz«

Wenn Ihr Vater Ihnen immer noch böse ist, weigert er sich unter Umständen, mit Ihnen und Ihrem Bruder zu sprechen. In diesem Fall könnten Sie ihn vielleicht dazu bewegen, den Kontakt zu Ihnen wiederaufzunehmen, wenn Sie sich bei ihm entschuldigen und ihm erklären, warum Sie sich solche Sorgen machen.

Wenn er sich weigert, entsprechende Vorkehrungen zu treffen, um Ihr Erbe zu schützen, oder Ihnen vorwirft, dass Sie sich nur für sein Geld interessieren, könnten Sie mit seinem Rechtsanwalt oder seinem Finanzberater sprechen und diesem die Situation verdeutlichen. Er oder ein anderer »neutraler« Dritter, beispielsweise ein guter Freund Ihres Vaters, wird vielleicht in der Lage sein, ihn zum Einlenken zu bewegen.

5. Setzen Sie Ihren Plan um

Ihr erster Schritt muss darin bestehen, den Kontakt zu Ihrem Vater wiederherzustellen. Dies könnte schwierig sein, da er Sie trotz zahlreicher Nachrichten auf dem Anrufbeantworter bislang nicht zurückgerufen hat. Wenn Sie ihn nicht dazu bringen können, bei Ihnen anzurufen, müssen Sie sich etwas anderes einfallen lassen, etwa, ihn zu Hause besuchen, wenn Sie wissen, dass er da ist.

Genauso wichtig wie die Kontaktaufnahme zu Ihrem Vater ist die Vorbereitung des Gesprächs. Sie müssen wissen, was Sie zu ihm sagen wollen. Stellen Sie sich vor, wie er sich fühlt. Sie haben auf seine Überraschung mit Ablehnung reagiert, was Ihren Vater sehr verletzt hat. Wahrscheinlich geht er davon aus, dass Sie ihm jetzt noch mehr Vorwürfe an den Kopf werfen wollen. Machen Sie ihm sofort klar, dass Sie nicht deshalb gekommen sind. Zeigen Sie ihm, dass Sie Verständnis für seine Reaktion haben, indem Sie zum Beispiel Folgendes sagen: »Vater, ich weiß, dass du dich über uns geärgert hast, und ich mache dir deshalb auch gar keinen Vorwurf. Du hast erwartet, dass Andreas und ich uns für dich freuen werden, und wir haben dich enttäuscht. Aber die Neuigkeit hat uns einfach schockiert, und wir machen uns große Sorgen.« Mit Bemerkungen wie diesen verdeutlichen Sie Ihrem Vater, dass Sie Verständnis für seine Reaktion haben, begründen aber auch, warum Sie und Ihr Bruder sich so verhalten haben.

Gehen Sie davon aus, dass es eine Weile dauern wird, bis die Beziehung zu Ihrem Vater wieder einigermaßen in Ordnung ist. Erst dann können Sie ihm gegenüber konkreter werden und ihm sagen, weshalb Sie sich solche Sorgen machen. Wenn alles gut geht, können Sie ihn eventuell überreden, die Hochzeit so lange aufzuschieben, bis Sie und Ihre Familie Martha etwas besser kennen gelernt haben, über alles offen miteinander geredet wurde und die entsprechenden Schritte zur Sicherung seines Vermögens unternommen wurden. (Wenn Ihr Vater sich weigert, den Termin zu verschieben, müssen Sie schnell handeln, um das herauszufinden, was Sie wissen müssen.)

Zur Lösung dieses Problems sind mehrere Schritte erforderlich: Es ist unerlässlich, dass Sie sich mit Martha treffen und herausfinden, ob es ihr mit dieser Beziehung ernst oder ob sie nur am Geld Ihres Vaters interessiert ist. Ein solches Gespräch sollte möglichst zwanglos ablaufen, beispielsweise bei einem Essen im engsten Familienkreis. Auch hier ist wieder eine strategische Planung und Vorbereitung erforderlich, da bei Ihrem Vater und Martha schließlich nicht der Eindruck entstehen soll, sie müssten ihre Beziehung oder ihre Heiratspläne vor Ihnen rechtfertigen. Es wäre auch nicht klug, Martha von vornherein Böses zu unterstellen. (Immerhin wäre es möglich, dass sie mehr Geld besitzt als Ihr Vater und dass ihre Familie *ihn* für einen Mitgiftjäger hält!). Aber Sie müssen sicherstellen, dass es keine auffälligen Ungereimtheiten gibt.

Nach den Gesprächen mit Ihrem Vater und Martha könnte es durchaus sein, dass sich Ihre Bedenken hinsichtlich einer Heirat in

119

Luft auflösen. Wenn er und Martha entsprechende Vorkehrungen getroffen haben, um ein finanzielles Risiko für die Familie von vornherein auszuschließen, und Sie den Eindruck haben, dass Ihr Vater mit Martha glücklich wird, werden Sie vermutlich keine Einwände mehr gegen die Heirat haben.

Sind Sie nach den Gesprächen allerdings davon überzeugt, dass Martha Ihren Vater nur des Geldes wegen heiraten will, dann sind Sie es Ihrem Vater und sich selbst schuldig, ihm gegenüber diese Bedenken zu äußern. Dies könnte schwierig sein, da es genau das ist, was Ihr Vater nicht hören will. Selbst wenn Martha zugibt, dass ihre Motive nicht ganz uneigennützig sind, könnte Ihr Vater sich weigern, der Wahrheit ins Auge zu sehen. (Schließlich würde er sein Gesicht verlieren, wenn sich herausstellt, dass er sich in Martha getäuscht hat.) Sie können dann nur versuchen, ihn durch Argumente und Fakten zu überzeugen.

Ihr Vater könnte Sie jedoch auch überraschen und zugeben, dass er insgeheim den gleichen Verdacht hatte. (Dies könnte auch eine Erklärung dafür sein, warum er Sie zunächst nicht anhören wollte.) Wenn er gesehen hat, dass Martha sich seinen Versuchen, der Familie das Erbe zu sichern, widersetzt, wird er vielleicht den Mut aufbringen und seinen Fehler eingestehen. Sollte das der Fall sein, haben Sie etwas bewiesen, von dem Sie gehofft hatten, es entspräche nicht der Wahrheit; das wird Sie den »Erfolg« Ihres Plans sicher mit gemischten Gefühlen bewerten lassen.

6. Überprüfen Sie, ob Ihr Plan funktioniert

Sie werden wissen, ob Sie auf dem richtigen Weg sind, wenn Ihr Vater bereit ist, offen mit Ihnen und Ihrem Bruder zu sprechen. Was als Nächstes passiert, hängt davon ab, wie er sich entscheidet. Wenn er und Martha gut zusammenpassen und bereit sind, das Familienerbe durch entsprechende Vorkehrungen zu schützen, und das inzwischen auch getan haben, erübrigt sich alles Weitere. In diesem Fall werden Sie wissen, dass Sie Erfolg haben, wenn er sich die Zeit nimmt, alle notwendigen Schritte einzuleiten, und dies Martha gegenüber nicht verschweigt.

Wenn Marthas Interesse an Ihrem Vater in erster Linie finanzieller Natur ist, wird sich das bei Gesprächen mit der Familie schnell herausstellen. Für Martha wird es sehr schwierig sein, sich nicht zu verraten, wenn sie feststellt, dass die Familie sich gegen eine Heirat stellt und ihr Erbe schützen möchte. In diesem Fall können Sie nur hoffen, dass Ihr Vater Martha durchschaut und die Beziehung sofort beendet, wobei Sie ihm dann nach Kräften zur Seite stehen sollten. Falls Martha nur an Geld interessiert ist, Ihr Vater aber weiterhin auf einer Hochzeit besteht und selbst die Ratschläge neutraler Dritter in den Wind schlägt, bleibt Ihnen nichts anderes übrig, als alle weiteren Bemühungen einzustellen, Ihrem Vater zu sagen, dass er in Ihren Augen einen großen Fehler macht, und ihm seinen Willen zu lassen. Wenn Sie keinen Druck mehr auf ihn ausüben und Ihr Vater nicht mehr das Gefühl hat, er müsse tun, was *Sie* wollen, wird es ihm vielleicht möglich sein, seine Meinung zu ändern.

Problem 7
Meiner Mutter geht es gut, aber sie will nicht auf Ihren Arzt hören

Situation

Ihre neunzigjährige Mutter ist bei bester Gesundheit, und ihr Arzt sagt immer, sie sei eine »erstaunliche Frau«. Sie ist agil, geistig voll auf der Höhe und unabhängig. Sie lebt allein in ihrem kleinen Haus, aber dreimal in der Woche kommt eine Haushaltshilfe vorbei, die mit ihr einkaufen geht und ihr beim Putzen hilft. Ihre Mutter sagt von sich selbst, sie sei eigensinnig, und obwohl sie ein gutes Verhältnis zu ihrem Hausarzt hat, sind die beiden hinsichtlich ihrer Gesundheit selten einer Meinung. Sie kommt in die Sprechstunde, wenn sie gerade Lust dazu hat, was allerdings nicht so oft der Fall ist, wie der Arzt es gerne hätte, und sagt Untersuchungstermine wieder ab, wenn es ihr gut geht. Außerdem ignoriert sie die meisten seiner Ratschläge.

Letzte Woche begleiteten Sie Ihre Mutter zu einer Kontrolluntersuchung bei ihrem Hausarzt. Als Sie neben ihr im Wartezimmer saßen, erwähnten sie, dass der Arzt vermutlich noch andere Kontrolluntersuchungen empfehlen werde, um sich ein genaues Bild über ihre Gesundheit machen zu können. »Egal, was er sagt, ich will es nicht«, sagte Ihre Mutter lächelnd.

Der Arzt empfahl tatsächlich einige andere Untersuchungen, beispielsweise einen Pap-Abstrich, eine Mammographie und die üblichen Schutzimpfungen. Auf sämtliche Vorschläge erwiderte Ihre Mutter: »Lassen Sie mich in Ruhe, mir geht es gut«, »Jetzt lassen Sie es gut sein, ich bin neunzig Jahre alt. Ich kann nicht ewig leben« und »Lassen Sie mich bitte in Ruhe. Mir tut doch nichts weh.« (Der Arzt hat dies jedes Mal stillschweigend hingenommen.) Zu Ihrer Überraschung war sie jedoch mit einigen anderen Empfehlungen des Arztes einverstanden und stimmte beispielsweise einem Schilddrüsenfunktionstest zu, da sie in letzter Zeit oft müde war und häufig fror.

Der Hausarzt Ihrer Mutter verlangt von ihr zwar nicht, dass sie zu allem Ja und Amen sagt, aber er ist doch etwas besorgt darüber, dass sie Tests und Untersuchungen verweigert, die ihm ratsam erscheinen. Er hat bereits mit ihr darüber gesprochen und angedeutet, dass er nicht mehr bereit ist, sie zu behandeln, wenn sie die meisten seiner Ratschläge weiterhin missachtet.

So analysieren Sie das Problem

1. Sind sich alle darüber einig, dass ein Problem vorliegt?

Jeder der drei Menschen, der von diesem Problem betroffen ist, hat dazu eine andere Meinung. Sie befürchten, dass die Angewohnheit Ihrer Mutter, sich aus den Empfehlungen ihres Arztes nur das herauszupicken, was *sie* für richtig hält, irgendwann einmal zu Mängeln in der Rundumversorgung führen wird. Ihre Mutter sieht darin überhaupt kein Problem. Und der Hausarzt hat keine eindeutige Meinung. Einerseits bewundert er die Vitalität Ihrer Mutter und bestätigt, dass sie bei guter Gesundheit ist. Andererseits ist er sich auch seiner Verantwortung der Patientin gegenüber bewusst und befürchtet, dass seine Arbeit als Arzt darunter leiden könnte. Trotzdem ist er noch nicht so besorgt, dass er ihr sagt, er könne sie unter diesen Umständen nicht mehr länger behandeln.

2. Wie dringend ist das Problem wirklich?

Dieses Problem ist nicht dringend, da es Ihrer Mutter zurzeit gut geht. Allerdings könnte ihre Angewohnheit, empfohlene Untersuchungen abzulehnen, wenn sie ihrer Meinung nach keinen Sinn machen, langfristig gesehen negative Auswirkungen haben. Es wäre durchaus denkbar, dass eine schwere, aber heilbare Krankheit nicht rechtzeitig festgestellt werden kann.

123

3. Was steckt hinter dem problematischen Verhalten Ihrer Mutter?

Ihre Mutter gibt freimütig zu, eigensinnig zu sein. Sie weiß genau, was sie will – und was sie nicht will. Sie ist sehr selbstbewusst und lässt sich mit ihren neunzig Jahren von niemandem mehr etwas vorschreiben.

Obwohl Ihrer Mutter medizinisches Fachwissen fehlt, ist sie geistig noch voll auf der Höhe und durchaus in der Lage, festzustellen, welche medizinischen Untersuchungen und Tests ihrer Meinung nach Sinn machen. Für ihre Entscheidungen gibt es sogar handfeste Gründe, die auf dem gesunden Menschenverstand beruhen – sie fragt ihre Freunde im Seniorenzentrum. Aufgrund eigener Erfahrungen mit Ärzten und denen von Bekannten scheinen die Freunde gewisse Richtlinien für den Umgang mit Ärzten und empfohlenen Untersuchungen erstellt zu haben. (Als Sie Ihre Mutter letzte Woche nach dem Arztbesuch nach Hause gefahren haben, hat sie Ihnen erklärt, warum sie einen Pap-Abstrich abgelehnt hat, und auf Freundinnen verwiesen, denen es schlechter ging als vorher, nachdem sie anderen erlaubt hatten, »an ihnen herumzufummeln«.)

Vermutlich wird das Verhalten Ihrer Mutter noch dadurch verstärkt, dass sie Angst hat. In ihrem Alter will sie vielleicht gar nicht mehr wissen, was in ihrem Körper vor sich geht. Und falls man eines Tages bei ihr tatsächlich etwas feststellen sollte, würde sie einer Behandlung nicht zustimmen. Ihre fatalistische Denkweise wird durch den Satz »Ich kann nicht ewig leben« deutlich.

4. In welche emotionale Falle sind Sie getappt?

Sie machen sich natürlich Sorgen um Ihre Mutter. Allerdings könnten auch andere Faktoren eine Rolle spielen, die nicht auf den ersten Blick erkennbar sind. Sie könnten zum Beispiel befürchten, dass der Arzt Ihrer Mutter Sie für verantwortungslos hält, weil Sie keinen Versuch unternehmen, Ihre Mutter zu den empfohlenen Untersuchungen zu drängen. Sie sitzen sozusagen zwischen den Stühlen, weil Sie versuchen, gleichzeitig die Wünsche Ihrer Mutter und die Wünsche ihres Arztes zu erfüllen.

	MÖGLICHE LÖSUNGEN			
KRITERIEN	Nichts tun	Ihre Mutter auffordern, mit dem Arzt über das Problem zu sprechen	Ihr Mutter und dem Arzt dabei helfen, einen Kompromiss zu erreichen	Ihrer Mutter bei der Suche nach einem anderen Arzt helfen
Muss Ihrer Mutter das Gefühl geben, weiterhin über ihre medizinische Behandlung bestimmen zu können	Ja	Ja	Vermutlich	Ja, aber dann könnte das gleiche Problem wieder auftreten
Muss es dem Arzt ermöglichen, seine Pflicht als Mediziner zu erfüllen	Nein	Vermutlich	Vermutlich	Nein
Muss Ihnen das Gefühl geben, alles getan zu haben, damit Ihre Mutter die bestmögliche medizinische Versorgung bekommt	Nein	Ja, wenn sie sich einigen können	Vermutlich	Vermutlich, abhängig davon, wie erfolgreich Sie sind

Sie wissen auch, dass Sie sich schwere Vorwürfe machen würden, wenn Sie zuließen, dass Ihre Mutter eine Untersuchung verweigert, und sich dann später herausstellen würde, dass sie krank ist. Was wäre, wenn sich bei einem Pap-Abstrich eine Zellveränderung ergibt, die jedoch problemlos behandelt werden kann?

Außerdem wissen Sie nicht so recht, was Sie davon halten sollen, dass der Arzt den Wünschen Ihrer Mutter einfach so nachgibt. Es gefällt Ihnen, dass der Arzt Ihrer Mutter Respekt entgegenbringt und sich so intensiv um sie kümmert, aber Sie befürchten, dass seine nachgiebige Haltung dazu führen könnte, dass er sich irgendwann einmal plötzlich weigert, sie weiter zu behandeln. Vielleicht sollte der Arzt ihr gegenüber energischer auftreten und darauf bestehen, dass sie empfohlenen Untersuchungen zustimmt und ihre Termine einhält.

5. Wer muss an der Problemlösung beteiligt werden?

An der Lösung dieses Problems müssen Ihre Mutter und deren Hausarzt und indirekt auch Sie beteiligt werden.

6. Welches Ziel haben Sie?

Ihr Ziel besteht darin, dafür zu sorgen, dass Ihre Mutter und ihr Hausarzt einen Kompromiss in Bezug auf ihre medizinische Behandlung finden – vermutlich weniger Untersuchungen und Termine, als er will, und mehr, als Ihre Mutter für notwendig hält.

So lösen Sie das Problem

1. Lösungskriterien

Die Lösung muss Ihrer Mutter das Gefühl geben, auch in Zukunft selbst darüber entscheiden zu können, wie ihre medizinische Behandlung aussehen soll. Sie muss außerdem dafür sorgen, dass der Arzt der Meinung ist, Ihrer Mutter gegenüber seine Pflicht als Arzt zu erfüllen. Und Sie müssen dabei das Gefühl haben, dass Sie alles getan haben, damit Ihre Mutter die bestmögliche medizinische Versorgung bekommt.

2. Überlegen Sie sich mehrere mögliche Lösungen

Eine Lösung könnte sein, Ihre Mutter aufzufordern, mit ihrem Arzt über das Problem zu sprechen und sich mit ihm auf einen Behandlungsplan zu einigen, mit dem beide zufrieden sind. Wenn auf diese

Weise kein Kompromiss zu erreichen ist, können Sie eingreifen und Ihre Hilfe als Vermittler anbieten, damit die beiden sich doch noch einigen. Wenn Ihre Mutter und ihr Hausarzt aber partout keinen Kompromiss finden können, wird Ihnen nichts anderes übrig bleiben, als mit Ihrer Mutter zusammen einen neuen Arzt zu suchen.

3. Analyse der verschiedenen Lösungsmöglichkeiten

Ziel: Wie können sich Ihre Mutter und ihr Arzt auf einen angemessenen Behandlungsplan einigen?
Die beste Lösung wäre, Ihre Mutter und deren Arzt aufzufordern, ihre Meinungsverschiedenheit ohne Eingreifen Ihrerseits beizulegen. Dies ist einer der Fälle, bei denen es am besten ist, einen Prozess anzustoßen und dann im Hintergrund zu bleiben und abzuwarten, ob man doch noch gebraucht wird.

4. Analyse unter Berücksichtigung von »Murphys Gesetz«

Sie müssen vielleicht eingreifen, wenn Ihre Mutter und ihr Arzt Schwierigkeiten damit haben, ihre Meinungsverschiedenheit beizulegen. Dies könnte bedeuten, dass Sie sich zu einem Gespräch mit den beiden treffen, um ihnen dabei zu helfen, strittige Punkte zu klären und Kompromisse vorzuschlagen. Wenn trotz Ihres Eingreifens keine Einigung erzielt werden kann, und Ihre Mutter und ihr Arzt einen toten Punkt erreicht haben, können Sie den Wechsel zu einem anderen Arzt erleichtern, indem Sie den Hausarzt Ihrer Mutter um eine Empfehlung bitten und die Weiterleitung der Patientenunterlagen veranlassen.

5. Setzen Sie Ihren Plan um

Sprechen Sie mit Ihrer Mutter und sagen Sie ihr als Erstes, dass der Arzt angedroht hat, sie nicht mehr zu behandeln, wenn er sich nicht mit ihr auf einen angemessenen Behandlungsplan einigen kann. Erklären Sie ihr, dass er sich ärgert, wenn sie Termine absagt und sich weigert, seinen Empfehlungen zu folgen, und überlegt, ob er die Behandlung abbrechen soll, falls sie nicht einlenkt. Erinnern Sie Ihre Mutter daran, dass sie diesen Arzt mag, und fragen Sie sie, ob sie bereit ist, mit ihm über ihre Meinungsverschiedenheiten zu sprechen. Wenn sie einverstanden ist, rufen Sie den Arzt an. Sagen Sie ihm, dass Ihre Mutter mit ihm über das Problem sprechen will, und fragen Sie ihn, ob er ebenfalls dazu bereit ist. Wenn er einwilligt – und davon kann man ausgehen, da er sie schätzt –, vereinbaren Sie gleich einen Termin.

Vor dem Gespräch sollten Sie Ihre Mutter fragen, ob sie Hilfe bei der Vorbereitung darauf braucht. Falls ja, helfen Sie ihr bei der Ausarbeitung eines Plans. Sagen Sie ihr, dass es sehr wichtig ist, dem Arzt zu erklären, warum sie sich so verhält, damit er ihre Gründe versteht. Sagen Sie ihr auch, dass der Arzt wiederum seine Gründe dafür anführen wird, warum er bestimmte Untersuchungen, mit denen sie nicht einverstanden war, empfohlen hat.

Fragen Sie Ihre Mutter, ob Sie bei dem Gespräch mit dem Arzt dabei sein sollen, oder ob sie lieber allein hingehen möchte. Wenn Sie bei dem Gespräch anwesend sind, sollten Sie so wenig wie möglich sagen. Je mehr Gelegenheit Ihre Mutter hat, ihr Verhalten vor dem Arzt zu rechtfertigen, desto zufriedener wird sie sein und desto größer wird auch die Wahrscheinlichkeit sein, dass sie einen mit dem Arzt vereinbarten Kompromiss auch einhalten wird. Beteiligen Sie sich erst dann aktiver an dem Gespräch, wenn die Unterhaltung Ihrer Mutter mit dem Arzt verfahren ist und die beiden einfach nicht in der Lage sind, sich zu einigen.

6. Überprüfen Sie, ob Ihr Plan funktioniert

Sie werden wissen, ob das Problem gelöst ist, wenn es zwischen Ihrer Mutter und ihrem Hausarzt keine Meinungsverschiedenheiten über ihre medizinische Behandlung mehr gibt. Mehr Bereitschaft, den Empfehlungen des Arztes zu folgen, keine Klagen auf Seiten Ihrer Mutter und weniger Bedenken auf Seiten des Arztes werden zuverlässige Indikatoren für einen Erfolg sein.

Problem 8
Mein Mann nimmt es mir übel, dass ich so viel Zeit für die Betreuung meines Vater aufbringe

Situation

Ihr 73-jähriger Vater war noch nie sehr selbständig. Als jüngstes Kind seiner Familie musste er nie viel helfen, so dass er ganz selbstverständlich davon ausging, dass sich die anderen um ihn kümmern werden. Ihre Mutter, eine kompetente, tüchtige Frau, machte da weiter, wo die Familie Ihres Vaters aufgehört hatte. Sie können sich noch aus Ihrer Kindheit daran erinnern, dass Ihr Vater nie auch nur einen Finger rührte und sich von vorne bis hinten bedienen ließ. Die Arbeit Ihrer Mutter bezeichnete er geringschätzig als »Frauenarbeit«. Ihre Mutter genoss es, im Haus nach Belieben schalten und walten zu können, und machte sogar Witze über die Unfähigkeit Ihres Vaters. »Gib deinem Vater bloß keinen Teller in die Hand. Er wird ihn mit Sicherheit fallen lassen«, sagte sie zum Beispiel. Er wiederum ignorierte ihre Bemerkungen einfach und hob nicht einmal den Blick von der Zeitung.

Als Ihre Eltern älter wurden, änderte sich daran nichts, obwohl Ihre Mutter eindeutig Schwierigkeiten hatte, den Haushalt zu bewältigen. Sie haben Ihren Eltern empfohlen, eine Haushaltshilfe einzustellen, aber Ihre Mutter sagte, dass sie schon zurechtkomme; außerdem wollte Ihr Vater keine Fremden im Haus haben.

Vor etwa einem Jahr bekamen Sie einen verzweifelten Telefonanruf von Ihrem Vater. Ihre Mutter hatte einen Schlaganfall erlitten und lag auf der Intensivstation. Die Monate danach waren ein Alptraum. Ihre Mutter verbrachte mehrere Wochen im Krankenhaus und dann noch zwei Monate in einem Pflegeheim, bevor sie starb. In dieser Zeit war Ihr Vater völlig außer sich. Er musste nicht nur damit fertig werden, dass die Frau, mit der er fünfzig Jahre verheiratet war, bald sterben würde, sondern hatte auch keine Ahnung, wie ein Haushalt funktionierte. Sie fuhren jeden Tag zu ihm, um ihm Gesellschaft zu leisten, seine Mahlzeiten zu kochen und das Haus in Schuss zu halten. (Da Ihr Vater so niedergeschlagen war, brachten Sie es nicht übers Herz, Hilfe durch Dritte zu organisieren und damit Fremde in sein Haus zu bringen.) Selbst nach dem Tod Ihrer Mutter fuhren Sie mehrmals pro Woche zu ihm, zum Teil aus Gewohnheit, zum Teil, weil Sie Ihrem Vater einfach nicht sagen konnten, dass Sie nicht mehr so viel Zeit für ihn hatten.

Jetzt, mehr als ein Jahr später, nehmen Sie ihm immer noch alle Hausarbeiten ab – Sie kaufen für ihn ein, kochen für ihn, machen seine Wäsche und putzen das Haus. Genau wie Ihre Mutter.

Ihr eigene Familie haben Sie dabei vernachlässigt. Mindestens dreimal in der Woche hetzen Sie von der Arbeit nach Hause, machen in größter Eile das Essen und verbringen den gesamten Abend dann damit, das zu erledigen, was liegen geblieben ist. Ihr Mann, der Sie in der ersten Zeit sehr unterstützt hat und bereitwillig im Haushalt ausgeholfen hat, beklagt sich ständig. »Du bist seine Tochter, nicht seine Frau«, sagt er zu Ihnen. »Mach deinem Vater klar, dass ich auch noch da bin.« Sie haben versucht, Ihrem Mann entgegenzukommen, indem Sie so viel wie möglich erledigen, bevor Sie zur Arbeit gehen, aber der Tag hat eben nur 24 Stunden. Das Abendessen bei Ihnen zu Hause ist Anlass für Meinungsverschiedenheiten, und Zeit, etwas mit Ihrem Mann zusammen zu unternehmen, bleibt nicht. Sie haben auch keine Lust mehr, abends noch auszugehen, weil Sie nur noch schlafen wollen. Im letzten Monat hat sich die Situation erheblich verschlechtert – Ihr Mann und Sie reden kaum noch miteinander. Sie wissen, dass Ihr Vater wütend sein wird, wenn Sie nicht mehr zu ihm kommen, aber Sie haben Angst, dass Ihre Ehe zerbricht, wenn Sie so weitermachen wie bisher.

So analysieren Sie das Problem

1. Sind sich alle darüber einig, dass ein Problem vorliegt?

Sie und Ihr Mann sind sich darüber im Klaren, dass es ein Problem gibt. Ihr Vater sieht keins.

130

2. Wie dringend ist das Problem wirklich?

Dieses Problem ist ziemlich dringend. Gesundheit und Sicherheit Ihres Vaters sind zwar nicht in Gefahr, dafür aber Ihre Ehe. Im Grunde genommen hat Ihr Mann zu Ihnen gesagt: »Du musst dich zwischen ihm und mir entscheiden.« Sie müssen also eine Möglichkeit finden, um die Betreuung Ihres Vaters sicherzustellen und wieder so viel Zeit zu haben, um ein eigenes Leben führen zu können.

3. Was steckt hinter dem problematischen Verhalten Ihrer Eltern

Als Ihre Mutter starb, haben Sie fünfzig Jahre mit den schlechten Angewohnheiten Ihres Vaters geerbt. Ungeachtet dessen, was er alles tun könnte, geht Ihr Vater davon aus, dass man ihn von vorn bis hinten bedient. Ihre Mutter hat diese Abhängigkeit nach Kräften gefördert, was ihn daran gehindert hat zu lernen, wie man für sich selbst sorgt. Da sowohl Ihr Vater als auch Ihre Mutter dagegen waren, einen Teil der Hausarbeit von einer Hilfskraft erledigen zu lassen, ist Ihr Vater daran gewöhnt, dass solche Aufgaben von seiner Familie übernommen werden. Außerdem scheint er nur wenig Respekt vor »Frauenarbeit« zu haben und weiß vermutlich auch nicht, wie hart Sie bei dem, was Sie für ihn tun, arbeiten müssen.

4. In welche emotionale Falle sind Sie getappt?

In diese schwierige Situation sind Sie durch die Unselbständigkeit Ihres Vaters und den »Zwang«, eine »gute« Tochter zu sein, geraten. Dadurch, dass er sich auch weiterhin so hilflos verhält, hat Ihr Vater ein Druckmittel in der Hand, mit dem er Sie dazu zwingt, alles für ihn zu tun und die Rolle zu übernehmen, die früher Ihre Mutter hatte. Außerdem betrachtet er es als selbstverständlich, dass Sie ihm helfen. Aus Sorge um Ihren Vater setzen Sie das Schema fort, das die fünfzigjährige Ehe Ihrer Eltern charakterisiert hat.

5. Wer muss an der Problemlösung beteiligt werden?

Ihr Vater und Sie sind die Einzigen, die sich um dieses Problem kümmern müssen. Erst dann können Sie und Ihr Mann anfangen, die Probleme zu lösen, die sie in Ihrer Ehe haben.

6. Welches Ziel haben Sie?

Sie wollen gewährleisten, dass Ihr Vater gut versorgt wird, ohne dadurch Ihre Ehe zu gefährden.

So lösen Sie das Problem

1. Lösungskriterien

Ihre Lösung muss sicherstellen, dass Ihr Vater genug zu essen, ein sauberes Haus und saubere Kleidung hat. Sie muss für ihn akzeptabel sein, vor allem unter dem Aspekt, dass er jede Änderung strikt ablehnt. Darüber hinaus muss sie es Ihnen ermöglichen, mehr Zeit mit Ihrem Mann zu verbringen, damit Sie Ihre Ehe wieder reparieren können. Und schließlich muss die Lösung Sie erheblich entlasten.

2. Überlegen Sie sich mehrere mögliche Lösungen

Eine Lösung könnte sein, dass Sie einen Teil der Aufgaben bei der Betreuung Ihres Vaters wie bisher erledigen, gleichzeitig aber darauf bestehen, dass er lernt, wie er den Rest selbst macht. Möglich wäre auch, dass Sie eine Haushaltshilfe für alle oder einen Teil dieser Aufgaben einstellen. Sie oder Ihr Vater könnten beispielsweise jemanden engagieren, der einmal in der Woche kommt, um zu putzen und die Wäsche zu machen. Lebensmittel könnten Sie aus einem Supermarkt liefern lassen; denkbar wäre aber auch, Essen auf Rädern zu bestellen.

3. Analyse der verschiedenen Lösungsmöglichkeiten

Ziel: Wie können Sie sicherstellen, dass Ihr Vater gut versorgt wird, Sie aber trotzdem noch Zeit für Ihren Mann haben? Die beste Lösung wäre, darauf zu bestehen, dass Ihr Vater lernt, den Haushalt zumindest teilweise selbst zu führen, da Sie dadurch entlastet werden und Probleme, die durch eine Haushaltshilfe entstehen könnten, vermieden werden.

4. Analyse unter Berücksichtigung von »Murphys Gesetz«

Da Ihr Vater sich nie selbst versorgt hat, wird er vermutlich nicht gerade glücklich darüber sein, dass Sie das Problem auf diese Weise lösen wollen, zumindest nicht von Anfang an. Bleiben Sie hart und bestehen Sie darauf, dass Sie in Zukunft nicht mehr so viel Zeit für seine Betreuung haben. Um Ihrem Vater die Übergangsphase zu erleichtern, sollte das Pensum am Anfang nicht zu groß sein. Zeigen Sie ihm, was im Haushalt zu tun ist, aber überfordern Sie ihn nicht.

Wenn Ihr Vater sich weigert, den Haushalt selbst zu führen, obwohl Sie ihm deutlich gemacht haben, dass Sie das nicht mehr für ihn tun können, wird er sich vielleicht mit dem Gedanken anfreunden, Hilfe von Fremden anzunehmen. Es liegt nahe, zunächst einmal einen Wäscheservice oder einen Supermarkt, der ins Haus liefert, zu suchen. Sie können Ihrem Vater dabei helfen und ihm dann zeigen, wie man diese Angebote nutzt, müssen ihm jedoch klar machen, dass er in Zukunft allein damit zurechtkommen muss.

Wenn Ihr Vater hartnäckig darauf besteht, dass nur Sie so für ihn sorgen können, wie das auch Ihre Mutter getan hat, bleibt Ihnen nichts anderes übrig, als ihm aufzuzählen, was Sie für ihn tun können und was nicht. Und dann müssen Sie sich an Ihren Plan halten. Wenn Sie bei der Betreuung Ihres Vaters Grenzen setzen, wird dies vermutlich Schuldgefühle bei Ihnen auslösen. »Wie kann ich meinem Vater so etwas antun?«, werden Sie sich fragen.

Sie haben zwei Möglichkeiten, um zu verhindern, dass Ihr schlechtes Gewissen Sie wieder dahin bringt, wo Ihre Probleme begonnen haben. Zum Einen müssen Sie sich ins Gedächtnis rufen, dass *Sie* Ihrem Vater ja nichts Böses tun, sondern *von ihm ausgenutzt* werden. Zum anderen sollten Sie Ihren Mann und Freunde bitten, Ihnen dabei zu helfen, nüchtern und sachlich zu bleiben. Sie könnten sich dazu auch einer Selbsthilfegruppe anschließen, die sich mit einer solchen Problematik beschäftigt.

5. Setzen Sie Ihren Plan um

Informieren Sie zunächst Ihren Mann über das, was sie vorhaben. Sagen Sie ihm, dass Ihr Ziel darin besteht, den Zeitaufwand für die Betreuung Ihres Vaters erheblich zu senken, indem Sie ihm beibringen, seinen Haushalt zum Teil selbst zu führen. Es wird jedoch

	MÖGLICHE LÖSUNGEN		
KRITERIEN	Nichts tun	Ihrem Vater beibringen, den Haushalt selbst zu führen	Haushaltshilfe einstellen, die Ihrem Vater ganz oder teilweise den Haushalt führt
Muss sicherstellen, dass Ihr Vater genug zu essen und ein sauberes Haus sowie saubere Kleidung hat	Ja	Ja	Ja
Muss für Ihren Vater akzeptabel sein	Ja	Sie wissen nicht, wie er dazu steht	Sie wissen nicht, wie er dazu steht
Muss es Ihnen ermöglichen, mehr Zeit mit Ihrem Mann zu verbringen	Nein	Ja, wenn sie sich einigen können	Ja
Muss Sie entlasten	Nein	Ja	Ja

einige Zeit dauern, bis Ihr Vater dazu in der Lage ist, weshalb Sie Ihre Hilfe auch nicht sofort einstellen können. Ihr Mann muss das verstehen und auch akzeptieren.

Als Nächstes informieren Sie Ihren Vater darüber, dass Sie in Zukunft nicht mehr so viel Zeit für ihn haben werden. Dazu könnten Sie in etwa Folgendes sagen.»Vater, ich weiß, dass die Zeit nach Mutters Tod sehr schwierig für dich gewesen ist, vor allem, weil sie sich im Haushalt um alles gekümmert hat. Ich habe versucht, sie, so gut es geht, zu ersetzen, aber so kann es nicht weitergehen. Ich werde dich auch in Zukunft besuchen, und ich bin auch gern bereit, ab und zu einmal auszuhelfen, aber ich kann mich nicht mehr um alles kümmern.« Bei dem Gespräch mit Ihrem Vater sollten Sie die Vorhaltungen Ihres Mannes möglichst nicht erwähnen. Sich zwischen diese beiden Männer zu stellen und womöglich von beiden mit der Frage,»Wer ist dir wichtiger?«, konfrontiert zu werden ist das Letzte, was Sie jetzt gebrauchen können.

Sagen Sie Ihrem Vater, was Sie in Zukunft noch tun können – entweder in Form einer Stundenangabe, oder indem Sie ihm die einzelnen Aufgaben aufzählen. Bringen Sie dann zur Sprache, dass er einen Teil des Haushalts doch selbst erledigen könnte. Gehen Sie davon aus, dass er erst einmal nein sagen wird. In diesem Fall könnten Sie erwidern:»Vater, ich weiß, dass du nie etwas mit diesen Dingen zu tun haben wolltest, aber du hast keine andere Wahl. Wenn ich den Haushalt nicht machen kann und du ihn nicht machen willst, werden wir jemanden einstellen müssen, der sich darum kümmert.«

Wenn er einlenkt, sollten Sie sofort besprechen, welche Aufgaben er übernehmen könnte. Sagen Sie ihm, dass Sie ihm beibringen werden, wie es geht. Wenn beispielsweise Kochen für Ihren Vater nicht in Frage kommt, er sich aber mit dem Gedanken anfreunden könnte, einkaufen zu gehen, könnten Sie mit ihm zusammen eine Einkaufsliste machen und ihn in den Supermarkt begleiten. (Achten Sie darauf, dass Fertiggerichte und Tiefkühlkost auf der Liste stehen.) Gehen Sie zu einer Zeit in den Supermarkt, in der nicht so viel los ist, um zu verhindern, dass sich Ihr Vater über alles Mögliche beschwert, das nichts mit dem Einkaufen zu tun hat, beispielsweise die Schlange vor der Kasse.

135

Wenn Ihr Vater sich um seine Wäsche kümmern möchte, könnten Sie ihm zeigen, wie man die Waschmaschine benutzt. Erklären Sie ihm, dass man helle und dunkle Sachen getrennt voneinander waschen muss, und wie viel Waschmittel er für eine Maschine braucht. Zeigen Sie es ihm mehrmals, bis Sie der Meinung sind, dass er damit zurechtkommt. Erwarten Sie allerdings nicht, dass er Ihnen dankbar sein oder Verständnis für Ihre Lage zeigen wird. Es könnte jedoch sein, dass es ihm irgendwann einmal vielleicht sogar gefällt, so selbständig zu sein.

6. Überprüfen Sie, ob Ihr Plan funktioniert

Sie werden wissen, ob Ihr Plan funktioniert, wenn Ihr Vater seinen Haushalt so weit übernimmt, dass Sie entlastet werden. Ein anderer Indikator wird natürlich sein, dass Ihr Mann wieder mehr von Ihnen hat und Sie nicht länger der Meinung sind, Ihre Ehe wäre gefährdet.

Problem 9
Meine Mutter weigert sich, mit uns über das Sterben zu sprechen

Situation

Ihre verwitwete Mutter ist vor einem Monat achtzig Jahre alt geworden. Sie ist Diabetikerin und hatte letztes Jahr mehrere leichte Schlaganfälle. Sie und Ihr Bruder sind beunruhigt wegen ihres ständig schlechter werdenden Gesundheitszustandes und würden gern wissen, wie Ihre Mutter zu lebensverlängernden Maßnahmen steht. Sie hat keine Patientenverfügung verfasst und auch keinen Betreuer benannt. Ihr Vater hat nie über seine Einstellung zum Sterben gesprochen, was sein Sterben für die Familie schwieriger gemacht hat, als nötig gewesen wäre. Sowohl Sie als auch Ihr Bruder dachten, dass diese Erfahrung Ihre Mutter davon überzeugen würde, mit Ihnen über ihre Einstellung zu diesem Thema zu sprechen. Aber zu Ihrer Überraschung sagt Ihre Mutter jedes Mal, wenn Sie und Ihr Bruder sie danach fragen, dass sie nicht darüber sprechen will.

So analysieren Sie das Problem

1. Sind sich alle darüber einig, dass ein Problem vorliegt?

Obwohl Sie und Ihr Bruder der Meinung sind, dass Ihre Mutter mit Ihnen darüber sprechen sollte, wie sie sich die letzten Tage vor ihrem Tod vorstellt, möchte sie selbst nichts davon hören. Sie können sie nicht *zwingen*, mit Ihnen über dieses Thema zu sprechen, aber es wäre im Interesse aller, aus dieser Sackgasse herauszukommen.

137

2. Wie dringend ist das Problem wirklich?

Obwohl keine unmittelbare Krise vorliegt, wäre es aufgrund des hohen Alters und des schlechten Gesundheitszustandes Ihres Mutter unklug, eine Diskussion noch weiter aufzuschieben. Außerdem ist sie zurzeit noch im Vollbesitz ihrer geistigen Kräfte und daher in der Lage, Ihnen ihre Wünsche und Vorstellungen in dieser Beziehung mitzuteilen. Dies könnte sich allerdings jederzeit ändern.

3. Was steckt hinter dem problematischen Verhalten Ihrer Mutter?

Aufgrund der Erfahrungen, die Ihre Mutter beim Tod Ihres Vaters gemacht hat, wissen Sie, dass sie sich völlig darüber im Klaren ist, wie wichtig es ist, eine Patientenverfügung zu schreiben und einen Betreuer zu ernennen und diesen mit den entsprechenden Vollmachten auszustatten. Warum weigert sie sich dann, darüber zu sprechen? Vermutlich liegt es daran, dass sie Angst hat. Über eine Patientenverfügung zu sprechen bedeutet, sich mit dem Sterben zu beschäftigen. Es ist nicht weiter verwunderlich, dass sie davor zurückschreckt.

Es könnte auch sein, dass es noch einen anderen Grund gibt. Viele Senioren sind abergläubisch und der Meinung, wenn sie über ihren Tod sprechen, werden sie tatsächlich bald sterben.

4. In welche emotionale Falle sind Sie getappt?

Es bedeutet eine große Verantwortung, einen Angehörigen beim Sterben zu begleiten, und es ist daher nur zu verständlich, dass Sie wissen wollen, welche Einstellung Ihre Mutter zu ihrem Tod hat. Aber darauf zu bestehen, dass Ihre Mutter sich dazu äußert, damit *Sie* beruhigt sind, ist in etwa so, als würden Sie jemandem sagen, er solle einen Pullover anziehen, weil *Ihnen* kalt ist.

Außerdem sind Sie und Ihr Bruder wohl kaum in der Lage, bei einer Diskussion über das Sterben Ihrer Mutter objektiv zu bleiben. Schließlich geht es hier um Ihre Mutter, und Sie beide gehören zu diesem Leben dazu. Die meisten Menschen müssen sich sehr überwinden, um mit einem Angehörigen über dieses Thema zu sprechen. Ihre Mutter könnte dieses Unbehagen unbewusst wahrnehmen und Ihnen beiden eine emotional sehr aufwühlende Unterhaltung ersparen wollen, indem sie sich ganz einfach weigert, über dieses Thema zu sprechen.

5. Wer muss an der Problemlösung beteiligt werden?

Wir empfehlen, nur die Menschen zu beteiligen, die direkt davon betroffen sind: Ihre Mutter, Sie und Ihren Bruder. Wohlmeinende Außenstehende, die jeweils eine eigene Meinung zu diesem Thema haben, könnten weitere Schwierigkeiten bedeuten. Ein Pfarrer würde vielleicht dafür plädieren, Entscheidungen über Leben und Tod Gott zu überlassen. Der Arzt Ihrer Mutter würde vermutlich vorbringen, dass es seine Pflicht sei, Leben um jeden Preis zu verlängern. Wenn Ihre Mutter solche Ratschläge hört, könnte dies dazu führen, dass keine sinnvolle Diskussion über die verschiedenen Möglichkeiten, die hier zur Wahl stehen, zu Stande kommt, falls sich Ihre Mutter doch noch zu einem Gespräch entschließen sollte.

6. Welches Ziel haben Sie?

Ihr Ziel besteht darin, Ihre Mutter zu einer Diskussion über lebensverlängernde Maßnahmen zu bewegen. Darüber hinaus möchten Sie, dass sie eine Patientenverfügung verfasst und die Ernennung eines Betreuers in die Wege leitet.

So lösen Sie das Problem

1. Lösungskriterien

Erstens, Ihre Lösung muss Ihre Mutter dazu bringen, mit Ihnen darüber zu sprechen, wie die medizinische Behandlung in den letzten Tagen ihres Lebens aussehen soll.

Zweitens, da sie bereits deutlich gemacht hat, dass sie nicht über dieses Thema sprechen möchte, muss die Lösung es ihr ermöglichen, ihre Entscheidung zu ändern, ohne dabei an Würde oder das Gesicht zu verlieren. Das wiederum bedeutet, dass Sie Ihren Gefühlen zum Trotz Aussagen wie »Das wurde aber auch Zeit« oder »Ich bin froh darüber, dass du endlich vernünftig geworden bist«, die Ihre Mutter verletzen oder ärgern könnten, vermeiden sollten.

Drittens, Ihre Lösung muss Ihrer Mutter vermitteln, dass Sie und Ihr Bruder bereit sind, sich mit ihr über das Sterben zu unterhalten, und dass sie ihre Tochter und ihren Sohn nicht vor diesem Thema abzuschirmen braucht.

Und schließlich muss die Lösung Ihrer Mutter ermöglichen, Ihre Wünsche und Vorstellungen zu formulieren, möglichst in einer Form, die auch rechtlich Bestand hat.

2. Überlegen Sie sich mehrere mögliche Lösungen

Unabhängig davon, wie Sie dieses Problem lösen möchten, müssen Sie Ihre Mutter zunächst mit ihrer Weigerung, über dieses Thema zu sprechen, konfrontieren und ihr sagen, welche Folgen diese Entscheidung für Sie und Ihren Bruder hat. Wenn Sie das Thema aus Gründen des Aberglaubens nicht ansprechen will, müssen Sie Ihr unter Umständen klar machen, dass sie auf keinen Fall früher sterben wird, nur, weil sie darüber redet.

Eine Konfrontation allein genügt jedoch nicht. Ihre Mutter muss auch handeln. Eine mündliche Aussage ihrerseits wird Ihnen zwar einen Anhaltspunkt dafür geben, wie Sie bei einem medizinischen Notfall reagieren sollen, aber wenn nichts Schriftliches vorliegt, kann es schwierig sein, den zuständigen Arzt davon zu überzeugen, dass Sie den Willen Ihrer Mutter kennen und richtig wiedergeben.

Es wäre auch möglich, dass Ihre Mutter mit dem behandelnden Arzt spricht und diesem ihre Wünsche mitteilt. Eine solche Aussage wird mehr Gewicht haben als ein Gespräch mit Familienmitgliedern, da der Arzt als objektiver Außenstehender mit dem notwendigen fachlichen Hintergrund angesehen wird; aber auch in diesem Fall ist die rechtliche Verbindlichkeit nicht gegeben.

Wenn Ihre Mutter weder mit Ihnen noch mit ihrem Arzt darüber sprechen will, könnte sie ihren Willen in einem Brief an Sie und Ihren Bruder formulieren. Obwohl auch diese Möglichkeit rechtlich kaum Bestand hat (was Sie Ihrer Mutter auch sagen sollten), könnte sie als erster Schritt zu einer Diskussion über das Thema dienen. Wenn das Eis erst einmal gebrochen ist, wird Ihre Mutter zu einem späteren Zeitpunkt vielleicht bereit sein, die entsprechenden Dokumente zu unterschreiben.

Der Ansatz, der rechtlich gesehen die größte Sicherheit bietet, würde darin bestehen, dass Ihre Mutter die entsprechenden Dokumente ausfüllt und unterschreibt.

3. Analyse der verschiedenen Lösungsmöglichkeiten

Ziel: Wie bringen Sie Ihre Mutter dazu, über lebensverlängernde Maßnahmen zu sprechen?

Ihre Mutter mit der Situation zu konfrontieren und sie dazu zu bringen, die entsprechenden Dokumente zu formulieren und zu unterschreiben, wäre hier die beste Lösung, da Sie auf diese Weise über den Willen Ihrer Mutter informiert sind und gleichzeitig ein rechtlich verbindliches Dokument vorliegt.

4. Analyse unter Berücksichtigung von »Murphys Gesetz«

Wenn Ihre Mutter angefangen hat, mit Ihnen über dieses Thema zu sprechen, kann es durchaus sein, dass sie plötzlich wieder damit aufhört, weil jemand etwas gesagt hat, das ihr Angst macht. Bei einem Gespräch mit einer Freundin könnte diese beispielsweise sagen, sie sei der Meinung, dass Ihre Mutter einen Fehler mache. Wenn so etwas geschieht, müssen Sie mit Ihrer Mutter über die Gründe sprechen, die die Freundin dazu bewegt haben, so etwas zu sagen, und Ihrer Mutter versichern, dass sie die richtige Entscheidung getroffen hat.

	MÖGLICHE LÖSUNGEN		
KRITERIEN	Nichts tun	Ihre Mutter mit der Situation konfron-, tieren ihr aber die Entscheidung überlassen, wie sie ihren Willen deutlich macht	Ihre Mutter mit der Situation konfrontieren und sie dazu bringen, die entsprechenden Dokumente zu formulieren und zu unterschreiben
Muss Ihrer Mutter die Angst nehmen, über dieses Thema mit Ihnen zu sprechen	Nein	Ja	Ja
Muss es Ihrer Mutter ermöglichen, ihre Entscheidung zu ändern und mit Ihnen zu sprechen, ohne das Gesicht zu verlieren	Nein	Ja, wenn Sie taktvoll sind	Ja, wenn Sie taktvoll sind
Muss deutlich machen, dass Sie keine Angst davor haben, sich mit dem Tod Ihrer Mutter zu befassen	Nein	Ja	Ja
Muss rechtlich Bestand haben	Nein	Vermutlich nicht	Ja

Es könnte auch sein, dass Ihre Mutter etwas in einer Zeitschrift oder Zeitung gelesen hat, das ihr zu denken gibt, beispielsweise einen Artikel, in dem behauptet wird, dass Patientenverfügungen

142

von den Ärzten manchmal einfach ignoriert würden. In einem solchen Fall sollten Sie herausfinden, welche Bedenken Ihre Mutter hat, und nach Informationen suchen, die ihr ein ausgewogeneres Bild vermitteln. Sie können ihr auch ins Gedächtnis rufen, dass die Wahrscheinlichkeit größer ist, so behandelt zu werden, wie sie das nicht will, wenn sie keine Dokumente unterzeichnet.

5. Setzen Sie Ihren Plan um

Um Ihre Mutter dazu zu bringen, mit Ihnen über dieses Thema zu sprechen, wäre es sinnvoll, ihr zu sagen, welche Folgen es für Sie und Ihren Bruder hat, wenn Sie nicht wissen, wie sie darüber denkt. Sie könnten Ihrer Mutter in etwa Folgendes sagen: »Mutter, ich weiß, dass du nicht darüber sprechen willst. Für uns ist das auch schwierig. Michael und ich können dich natürlich nicht dazu zwingen, aber wir sind sehr beunruhigt. Wir wissen, dass du noch viele Jahre leben könntest, aber unabhängig davon, wann du stirbst, irgendwann werden wir uns damit beschäftigen müssen. Und wenn es so weit ist, wollen wir sicher sein, dass deine Wünsche respektiert werden. Aber das können wir nicht, weil wir nicht wissen, wie du zu dem Thema stehst.« Wenn Sie Ihrer Mutter ganz offen sagen, dass Sie bei dem Gedanken daran, sie zu verlieren, sehr traurig sind, machen Sie Ihrer Mutter damit gleichzeitig deutlich, dass Sie stark genug sind, mit ihrem Sterben und ihrem Tod umzugehen.

Ein solcher Ansatz ist aus drei Gründen sinnvoll:

1. Indem Sie Verständnis dafür zeigen, dass Ihre Mutter nicht über dieses Thema sprechen möchte, erinnern Sie sie daran, dass Sie und Ihr Bruder auf ihrer Seite stehen.
2. Indem Sie zugeben, dass Sie sie nicht zu einem Gespräch zwingen können, zeigen Sie Ihrer Mutter, dass Sie Respekt vor ihren Gefühlen haben.
3. Indem Sie ganz offen sagen, warum sie über die Einstellung Ihrer Mutter Bescheid wissen müssen, geben Sie Ihrer Mutter Argumente an die Hand, mit denen Ihr Anliegen für sie plausibler klingt, was sie zum Einlenken bewegen könnte.

Wenn Ihre Mutter sich schließlich dazu entschlossen hat, mit Ihnen über dieses Thema zu sprechen, können Sie ihr das Ganze einfacher machen, indem Sie ihr aufmerksam zuhören. (Hinweise zum Zuhören finden Sie auf den Seiten 25–30.) Sorgen Sie dafür, dass Sie die entsprechenden Dokumente – Anweisungen oder Formulare für eine Patientenverfügung, die Ernennung eines Betreuers etc. – zur Hand haben. Wenn Ihre Mutter anhand von Beispielen sieht, was konkret zu tun ist, nimmt ihr das vielleicht eher die Angst, als wenn Sie nur darüber reden. Lassen Sie Ihrer Mutter Zeit, damit sie sich alles genau ansehen kann. Fragen Sie sie, wann sie die Dokumente ausfüllen und unterschreiben und wen sie als Zeugen haben möchte. Wenn Ihre Mutter einverstanden ist, können Sie einen Termin für die Unterzeichnung der Dokumente vereinbaren und dann dafür sorgen, dass sie bei den übrigen Papieren Ihrer Mutter aufbewahrt werden.

6. Überprüfen Sie, ob Ihr Plan funktioniert

Ihr Plan war erfolgreich, wenn Ihre Mutter die erforderlichen Dokumente unterschrieben hat. Da dies vermutlich nicht von einem Tag auf den anderen geschehen wird, können Sie Fortschritte anhand der unten aufgeführten Meilensteine feststellen. Sie werden wissen, dass Sie in die richtige Richtung gehen, wenn Folgendes passiert:

- Die Weigerung Ihrer Mutter, über das Sterben zu sprechen, klingt etwas weniger nachdrücklich.
- Ihre Mutter ist unter bestimmten Bedingungen bereit, ein kurzes Gespräch zu führen.
- Ihre Mutter sagt zu Ihnen, dass Sie nur über bestimmte Themen (z.B. keine Wiederbelebung) sprechen möchte und andere ausgeklammert bleiben.
- Ihre Mutter beginnt, über ihr Sterben nachzudenken, und beschäftigt sich auch mit der emotionalen Seite.
- Ihre Mutter ist damit einverstanden, mit Ihnen über lebensverlängernde Maßnahmen zu sprechen.

Wenn Sie Ihre Mutter nicht dazu bringen, über dieses Thema zu sprechen, können Sie ihr deutlich machen, wie wichtig ein solches Gespräch ist, indem Sie in Zeitschriften, Zeitungen und der Fernsehzeitschrift nach Artikeln beziehungsweise Fernsehsendungen suchen, die sie vielleicht doch noch zum Einlenken bringen. Selbst wenn dies nichts nützt, haben Sie alles getan, was möglich war. Und das schulden Sie Ihrer Mutter und sich selbst.

Problem 10
Meine Schwester hat angeboten, die Betreuung unserer Mutter zu übernehmen, und jetzt will sie mich nicht helfen lassen

Situation

Ihre verwitwete Mutter, die inzwischen achtzig Jahre alt ist, hatte letztes Jahr einen Schlaganfall. Geistig ist sie wieder voll auf der Höhe, aber ihr Körper hat sich nicht mehr von dem Schlaganfall erholen können, so dass sie jetzt an den Rollstuhl gefesselt ist. Sie kann weder kochen, noch putzen, noch Einkäufe machen.

Als Ihre Mutter den Schlaganfall hatte, waren Sie beruflich gerade sehr eingespannt und deshalb froh, dass sich Ihre jüngere Schwester Elke, die in der Nähe Ihrer Mutter wohnt, bereit erklärte, die Betreuung zu übernehmen. Zunächst war es sicher die bessere Lösung, dass Ihre Mutter nicht von Ihnen, sondern von Ihrer Schwester unterstützt wurde, da Elke nicht berufstätig ist (sie bekommt von ihrem geschiedenen Mann Unterhalt) und auch keine Kinder hat. Sie sind damals davon ausgegangen, dass Sie Elke eines Tages entlasten können, wenn Ihr Beruf Sie nicht mehr so in Anspruch nimmt und Sie mehr Zeit haben. Aber als es dann so weit war und Sie Ihrer Schwester, zu der Sie nie eine besonders enge Beziehung hatten, Hilfe bei der Betreuung ihrer Mutter anboten, lehnte Elke ab.

Sie verbringt zurzeit fast den ganzen Tag bei ihrer Mutter, erledigt die Einkäufe und den gesamten Haushalt. Außerdem ruft sie sie jeden Abend an. Obwohl Sie zeitlich durch Ihre Familie und Ihre Arbeit noch sehr beansprucht werden, sind Sie bereit, Ihren Teil zur Betreuung der Mutter beizutragen. Aber jedes Mal, wenn Sie Elke Ihre Hilfe anbieten, lehnt sie ab. Sie haben vorgeschlagen, dass Sie sich an den Wochenenden um Ihre Mutter kümmern, aber Elke will davon nichts wissen. Trotz der ablehnenden Haltung Ihrer Schwester haben Sie versucht, zumindest eine

Kleinigkeit beizutragen, indem Sie zum Beispiel eine Art Greifer für Ihre Mutter gekauft haben, mit dem sie die Wasserhähne leichter auf- und zudrehen kann. Nachdem Elke den Greifer mit ihrer Mutter zusammen ausprobiert hatte, erklärte sie ihn für überflüssig. Und als Sie Ihre Mutter das nächste Mal besuchten, war er verschwunden.

Elke versucht, sie völlig an den Rand zu drängen, und will Ihnen sogar vorschreiben, wie oft Sie Ihre Mutter besuchen können, um mit ihr eine Tasse Kaffee zu trinken. Sie fühlen sich wie vor den Kopf gestoßen und werden immer wütender auf Ihre Schwester.

So analysieren Sie das Problem

1. Sind sich alle darüber einig, dass ein Problem vorliegt?

Weder Ihre Mutter noch Ihre Schwester beklagen sich über die Situation. Elke kümmert sich um die Mutter und will die Betreuung offenbar ganz allein übernehmen. Sie sind die Einzige, die der Meinung ist, dass hier ein Problem vorliegt.

2. Wie dringend ist das Problem wirklich?

Das Problem ist nicht dringend, da Gesundheit und Sicherheit Ihrer Mutter nicht gefährdet sind. Elke ist mit der Situation zufrieden. Sie jedoch leiden darunter, sich nicht um Ihre Mutter kümmern zu können, und fühlen sich ausgeschlossen.

3. Was steckt hinter dem problematischen Verhalten Ihrer Schwester?

Elke hatte zweifellos gute Gründe, die Betreuung Ihrer Mutter zu übernehmen, und sie erledigt die damit verbundenen Aufgaben ja auch gewissenhaft und zur Zufriedenheit der Mutter. Es könnte allerdings auch sein, dass die Betreuung ihrer Mutter eher den Interessen Ihrer Schwester dient und zu Ihren und zu Lasten ihrer Mutter geht. Elke hat nichts zu tun, und die Betreuung ihrer Mutter könnte ihrem Leben einen Sinn und Zweck geben, die es sonst nicht hätte. Möglich wäre auch, dass sie in ihrem Eifer etwas zu weit geht und mehr tut, als notwendig wäre, was die Abhängigkeit ihrer Mutter von ihr weiter verstärkt. Dies sichert zwar Elkes Rolle als ständige Betreuerin, verhindert aber auch, dass Ihre Mutter wenigstens so selbständig wird, wie sie aufgrund ihrer eingeschränkten körperlichen Mobilität sein könnte.

Darüber hinaus verhindert Elke durch ihre Weigerung, sich von Ihnen helfen zu lassen, dass Ihre Mutter Hilfe von *Ihnen* bekommt, worüber sie sich vermutlich sehr freuen würde, und versagt Ihnen das befriedigende Gefühl, diese Hilfe geleistet zu haben. Elke versucht, Ihnen Ihre Rolle innerhalb der Familie abspenstig zu machen. Da Sie und Ihre Schwester noch nie eine besonders enge Beziehung zueinander hatten, ist es sehr wahrscheinlich, dass zwischen Ihnen eine starke Rivalität herrschte und herrscht. Als »kleine« Schwester war Elke vielleicht immer der Meinung, dass es ihr nie gelingen würde, besser zu sein als Sie. Aber jetzt hat sie wegen der gesundheitlichen Probleme ihrer Mutter endlich die Gelegenheit dazu.

Außerdem scheint Elkes Leben nicht immer sehr glücklich gewesen zu sein. Sie können eine intakte Ehe, Kinder und Erfolg im Beruf vorweisen, Elke dagegen nicht. Es wäre nicht weiter verwunderlich, wenn sie jetzt die Gelegenheit beim Schopf packen und versuchen würde, es Ihnen heimzuzahlen. Vielleicht befürchtet Elke auch, dass Sie, als die Erfolgreichere und Fähigere der beiden Schwestern, die Betreuung ihrer Mutter ganz an sich reißen werden, wenn sie Ihnen erlaubt, einen kleinen Teil davon zu übernehmen.

Sie wissen zwar nicht, ob Ihre Mutter das Problem noch verschärft, indem Sie nicht darauf besteht, dass Elke Ihnen erlaubt zu helfen, aber es könnte durchaus sein, dass sie den Alleingang Ihrer Schwester unterstützt. Andererseits wäre es aber auch möglich, dass Ihre Mutter der Meinung ist, Sie hätten zu viel zu tun, um sich um sie kümmern zu können.

148

4. In welche emotionale Falle sind Sie getappt?

Am meisten stört Sie, dass Sie nicht die Gelegenheit bekommen zu beweisen, dass Sie eine liebevolle Tochter sind und Ihnen das Wohl Ihrer Mutter am Herzen liegt. Außerdem wissen Sie nicht mehr so recht, wie Ihre Rolle in der Familie aussieht. Elke genießt den neu erworbenen Status als Betreuerin der Mutter und hat Sie an den Rand gedrängt, so dass es aussieht, als hätten Sie nicht das Geringste anzubieten. (Wenn Sie bei Ihrer Mutter vorbeischauen, sind Sie nur eine Besucherin – als würde eine Nachbarin auf eine Tasse Kaffee vorbeikommen.) Es könnte auch sein, dass Sie sich Gedanken darüber machen, was die Leute denken. »Elke macht alles«, hören Sie sie sagen, »die Schwester kommt nur ab und zu vorbei.«

5. Wer muss an der Problemlösung beteiligt werden?

Sie und Ihre Schwester Elke müssen mit Sicherheit an der Lösung des Problems beteiligt werden. Eventuell muss auch Ihre Mutter hinzugezogen werden, dies hängt allerdings davon ab, ob sie der Meinung ist, dass ein Problem vorliegt.

6. Welches Ziel haben Sie?

Ihr Ziel besteht darin, Ihre Schwester dazu zu bewegen, sich bei der Betreuung ihrer Mutter von Ihnen helfen zu lassen.

So lösen Sie das Problem

1. Lösungskriterien

Ihre Lösung muss dafür sorgen, dass Sie einige Aufgaben bei der Betreuung Ihrer Mutter übernehmen können. Darüber hinaus muss sie sicherstellen, dass Ihre Mutter auch in Zukunft gut versorgt wird. Und schließlich muss die Lösung für Elke akzeptabel sein, denn ohne die Mitarbeit Ihrer Schwester kann Ihre Lösung nicht funktionieren.

2. Überlegen Sie sich mehrere mögliche Lösungen

Ihre Schwester will auf keinen Fall die Kontrolle aus der Hand geben. Daher könnte es eine Lösung sein, nach Alternativen zu suchen, die es Ihnen ermöglichen, bei der Betreuung mitzuhelfen, Elkes Position aber nicht gefährden. Sie könnten Ihre Schwester beispielsweise bitten, eine Einkaufsliste zusammenzustellen, damit Sie vor dem nächsten Besuch bei ihrer Mutter einkaufen gehen können. Auf diese Weise kann Ihre Schwester weiterhin bestimmen, was gemacht wird. Das führt vielleicht dazu, dass sie Ihre Hilfe akzeptiert. Wenn Elke klar geworden ist, dass Sie gar nicht vorhaben, die Betreuung ihrer Mutter zu übernehmen, können Sie mit der Zeit weitere Aufgaben erledigen.

Eine zweite Lösung könnte darin bestehen, mit Ihrer Schwester und Ihrer Mutter darüber zu sprechen, wie Sie helfen könnten. Machen Sie deutlich, dass Sie sich in Zukunft stärker an der Betreuung Ihrer Mutter beteiligen möchten, und fragen Sie Ihre Mutter und Elke, welche Aufgaben Sie übernehmen könnten. In Gegenwart ihrer Mutter wird Elke Ihr Angebot zu helfen kaum ablehnen können.

Als dritte Lösung könnten Sie Ihrer Mutter vorschlagen, für ein paar Tage zu Ihnen zu kommen. Sie müssten dann natürlich einige praktische Faktoren klären, beispielsweise, ob Ihr Haus rollstuhlgerecht gemacht werden kann oder ob Sie sich ein paar Tage freinehmen können. Wenn Ihre Mutter Sie wirklich besuchen möchte, wird Ihre Schwester dies kaum verhindern. Und wenn beim Besuch Ihrer Mutter alles gut läuft und ihr klar wird, dass Sie unbedingt helfen möchten, wird sie vielleicht zu Ihrer Verbündeten werden und Elke überreden, sich bei der Betreuung von Ihnen helfen zu lassen.

3. Analyse der verschiedenen Lösungsmöglichkeiten

Ziel: Wie bringen Sie Ihre Schwester dazu, dass sie sich bei der Betreuung Ihrer Mutter von Ihnen helfen lässt?

KRITERIEN	MÖGLICHE LÖSUNGEN			
	Nichts tun	Kleine Aufgaben erledigen, wenn Sie Ihre Mutter besuchen	Gespräch mit Ihrer Schwester und Ihrer Mutter darüber, wie Sie helfen können	Ihre Mutter einladen, ein paar Tage bei Ihnen zu verbringen
Muss dafür sorgen, dass Sie bei der Betreuung Ihrer Mutter helfen können	Nein	Ja	Ja	Ja
Muss dafür sorgen, dass Ihre Mutter gut betreut wird	Ja	Ja	Ja	Ja
Muss für Ihre Schwester akzeptabel sein	Ja	Vermutlich, da Ihre Schwester bei der Betreuung Ihrer Mutter weiterhin das Sagen hat	Vermutlich, da Ihre Schwester bei der Betreuung Ihrer Mutter weiterhin das Sagen hat	Vermutlich nicht

Die beste Lösung wäre, zunächst einmal kleinere Aufgaben zu übernehmen, wenn Sie Ihre Mutter besuchen. Da dadurch keine größeren Veränderungen ausgelöst werden, wird sich Elke in ihrer Rolle als Betreuerin Ihrer Mutter nicht bedroht fühlen, weil sie weiterhin das Sagen hat. Dies könnte auch die Grundlage dafür schaffen, dass Sie mit der Zeit weitere Aufgaben übernehmen.

4. Analyse unter Berücksichtigung von »Murphys Gesetz«

Unter Umständen lässt sich die Lösung, zunächst einmal einige kleinere Aufgaben zu übernehmen, nicht durchführen, wenn Ihre Schwester Ihnen selbst das verweigert. Sie sollten dann darauf bestehen, dass sie mit Ihnen und einem unparteiischen Außenstehenden über das Ganze spricht. Die Rolle des Vermittlers könnten zum Beispiel ein Geistlicher, ein Freund, ein Verwandter oder auch ein Therapeut übernehmen. Wenn Elke sich gegen ein solches Gespräch sperrt und Ihre Mutter gar nicht weiß, was vorgeht, müssen Sie eventuell Ihre Mutter um Hilfe bitten, selbst wenn es nur dazu dient, ihr zu zeigen, dass Sie wirklich helfen wollen.

Es gibt allerdings noch eine andere Möglichkeit. Angenommen, Sie beschweren sich bei Ihrer Schwester darüber, dass sie alles allein machen will, und Elke sagt zu Ihnen: »Du willst helfen? Schön, dann übernimmst ab jetzt *du* die Betreuung von Mutter.« Da Sie das nicht können, wird Ihnen in diesem Fall nichts anderes übrig bleiben, als zunächst einmal klein beizugeben. Das Wohlergehen Ihrer Mutter hat Vorrang vor Ihrem Stolz.

5. Setzen Sie Ihren Plan um

Für welche Lösung Sie sich auch entscheiden, Sie müssen Ihrer Schwester klar machen, wie wichtig es für Sie ist, bei der Betreuung Ihrer Mutter zu helfen. Dieses Gespräch dürfte ziemlich schwierig werden, da Sie Elke vor Augen führen müssen, welche Folgen ihr Verhalten für Sie hat, ohne ihr dabei jedoch Vorwürfe zu machen oder sie zu provozieren (siehe Seite 26, Ich-Botschaften). Sie könnten zum Beispiel Folgendes sagen: »Wenn ich Mutter besuche, komme ich mir vor wie eine Nachbarin oder eine völlig Fremde, aber nicht wie ihre Tochter! Ich weiß, dass du alles tust, damit es Mutter gut geht, und dafür bewundern dich auch alle, aber ich komme mir so unwichtig vor. Das tut sehr weh. Du musst mich helfen lassen. Schließlich ist sie auch *meine* Mutter.«

Sie sollten auch zugeben, dass Sie nie eine besonders enge Beziehung zu Ihrer Schwester hatten, ihr aber klar machen, dass dieser Umstand Sie jetzt nicht daran hindern darf, bei der Betreuung ihrer Mutter zu helfen. Sie könnten zu Ihrer Schwester sagen: »Ich weiß, dass wir uns nie sonderlich nahe gestanden haben, aber schließlich reden wir hier über *unsere* Mutter. Ich habe ein Recht darauf, dir bei ihrer Betreuung zu helfen, und darauf bestehe ich auch. Auch wenn du bisher alles allein und sehr gut gemacht hast, ändert das nichts an der Tatsache, dass ich auch etwas tun kann. Es spricht doch gar nichts dagegen, dass wir zusammenarbeiten.« Wenn Sie betonen, dass Sie mit Ihrer Schwester *zusammenarbeiten* möchten, wird Elke ihren Widerstand vielleicht aufgeben.

Bei Gesprächen mit Ihrer Schwester sollten Sie immer daran denken, dass Elke befürchtet, Sie als große Schwester würden die Betreuung Ihrer Mutter an sich reißen, sobald Sie den Fuß in der Tür haben. Sie sollten Ihrer Schwester daher versichern, dass sie bei der Betreuung der Mutter auch dann das Sagen haben wird, wenn Sie ihr dabei helfen.

6. Überprüfen Sie, ob Ihr Plan funktioniert

Sie werden wissen, ob Ihr Plan funktioniert, wenn Sie der Meinung sind, Ihren Teil zur Betreuung Ihrer Mutter leisten zu können.

Problem 11
Mein Mutter vergöttert meinen Bruder, obwohl ich mich ganz allein um sie kümmere

Situation

In den letzten vier Jahren haben Sie Ihre neunzigjährige Mutter nach besten Kräften unterstützt, damit sie nicht aus ihrem Haus ausziehen muss und weiterhin allein leben kann. Sie schauen dreimal in der Woche bei ihr vorbei und rufen sie jeden Tag an. Sie machen ihre Wäsche. Sie kaufen für sie ein und putzen das Haus. Sie kochen fast alle Mahlzeiten für sie. Sie bringen sie zum Arzt, wenn sie krank oder eine Routineuntersuchung fällig ist. Sie sorgen dafür, dass sie von Ihrem Mann und Ihren Kindern besucht wird. Und Sie halten andere Familienmitglieder auf dem Laufenden, wenn diese wissen wollen, wie es Ihrer Mutter geht. Aber die Betreuung Ihrer Mutter zehrt an Ihren Kräften. Sie sind überlastet und erschöpft.

Sie haben einen Bruder, der eine Stunde von Ihnen entfernt wohnt. Er hält keinen engen Kontakt zu Ihnen und ruft nur ab und zu bei Ihnen an. Besuche sind noch seltener. Um die Betreuung Ihrer Mutter kümmert er sich nicht. Ironischerweise ist Ihre Mutter jedes Mal, wenn er etwas für sie tut, völlig aus dem Häuschen und kann ihn gar nicht genug loben.

Ein Beispiel: Als er ihr zum Muttertag einen Blumenstrauß schickte, strahlte sie vor Freude über das ganze Gesicht. Noch Wochen später erwähnte sie den Strauß und erzählte jedem, der es hören wollte, von ihrem wunderbaren Sohn. Kommt Ihr Bruder zu einem seiner seltenen Besuche (zweimal im Jahr, in der Regel am Geburtstag Ihrer Mutter und an Weihnachten), wird er von Ihrer Mutter geradezu vergöttert. Sie erwartet sogar von Ihnen, dass Sie das Abendessen kochen und ihn bewirten. Sie haben nichts gegen Ihren Bruder, aber Sie fühlen sich zurückgesetzt und sind wütend darüber, dass er für seine dürftigen Anstrengungen erheblich mehr Lob von ihrer Mutter erntet als Sie für die viele Arbeit, die bei der Betreuung anfällt.

So analysieren Sie das Problem

1. Sind sich alle darüber einig, dass ein Problem vorliegt?

Sie sind die Einzige, die der Meinung ist, dass es ein Problem gibt. Ihre Mutter hat keine Ahnung, dass etwas nicht in Ordnung ist. Da ihre Bedürfnisse zu ihrer vollsten Zufriedenheit erfüllt werden, geht sie davon aus, dass alles, was getan werden muss, auch in Zukunft getan wird – von einer Tochter, die nicht viel verlangt und ihre persönlichen Probleme wie Arbeitsüberlastung und Erschöpfung für sich behält.

Auch für Ihren Bruder gibt es kein Problem. Er tut so gut wie nichts, wird aber selbst für die einfachsten Dinge überschwänglich gelobt. Ihre Mutter betet ihn an, während Sie sich wie Aschenputtel vorkommen.

2. Wie dringend ist das Problem wirklich?

Wie dringend das Problem ist, hängt von Ihnen ab – denn Sie stehen kurz vor einem Burnout. Die ersten Anzeichen dafür sind da: Sie sind müde und wütend, Sie glauben (zu Recht), dass Ihre Arbeit ungerechtfertigterweise für selbstverständlich gehalten wird. Trotzdem haben Sie nichts unternommen, um die Situation zu ändern. Es ist sehr wahrscheinlich, dass Ihre Gesundheit, Ihre Ehe und die Betreuung Ihrer Mutter darunter leiden werden, wenn Sie alles so weiterlaufen lassen wie bisher.

3. Was steckt hinter dem problematischen Verhalten Ihrer Mutter und Ihres Bruders?

Ihre Mutter ist vielleicht der Meinung, dass Sie als ihre Tochter die Pflicht haben, für sie zu sorgen – und dass es nicht Aufgabe Ihres Bruders ist, sich um ihre Betreuung zu kümmern. Sie bedankt sich nicht bei Ihnen, weil sie eventuell glaubt, dass ein Dankeschön gar nicht notwendig ist. Oder sie könnte davon ausgehen, dass Sie schon wissen, wie dankbar sie Ihnen ist. Vielleicht ist ihr gar nicht bewusst, wie verletzt und zurückgesetzt Sie sich fühlen, wenn sie keine Dankbarkeit zeigt.

Zu Ihrem Bruder hat Ihre Mutter offenbar ein völlig anderes Verhältnis. Wahrscheinlich ist er schon immer ihr Liebling gewesen, und alles, was er tut, ist für sie positiv. Ein Blick in die Familiengeschichte wird vermutlich bestätigen, dass ihr jetziges Verhalten einfach die Fortführung einer alten Gewohnheit in abgewandelter Form ist.

Und das Verhalten Ihres Bruders? Genau wie Ihre Mutter ist er vielleicht der Meinung, dass es Ihre – und nicht seine – Pflicht ist, sich um Ihre Mutter zu kümmern. Und da Sie nie etwas von ihm verlangen, verstärken Sie diese Einstellung noch. Die Tatsache, dass Ihr Bruder nur selten Kontakt zu Ihnen hat, lässt darauf schließen, dass ihr Verhältnis zueinander nicht gerade das beste ist. Vielleicht ist es ihm einfach egal, wie schwer Sie arbeiten. Vielleicht macht es ihm sogar Spaß, die Betreuung ihrer Mutter auf Sie abzuwälzen, weil er genau weiß, dass er damit durchkommt und die Zuneigung Ihrer Mutter trotzdem nicht verlieren wird.

4. In welche emotionale Falle sind Sie getappt?

Sie arbeiten bis zum Umfallen und versuchen, Ihre Mutter optimal zu betreuen. Das bedeutet vermutlich, dass Sie immer noch nicht die Hoffnung aufgegeben haben, irgendwann einmal von Ihrer Mutter gelobt zu werden, wenn Sie sich nur genug Mühe geben. Ihrer Mutter vorzuwerfen, dass sie Ihre Arbeit nicht zu schätzen weiß, würde allerdings die spontane Dankbarkeit verhindern, die

156

Sie sich so sehr wünschen. Und ihr zu sagen, wie Sie sich fühlen, könnte dazu führen, dass sie antwortet, es sei schließlich Ihre Pflicht, sich um sie zu kümmern. Das würde nicht nur verhindern, dass Sie das bekommen, was Sie erwarten – nämlich Dankbarkeit und Anerkennung –, sondern auch zur Folge haben, dass Sie ein schlechtes Gewissen bekommen, weil Sie es *erwarten*.

Vielleicht bitten Sie Ihren Bruder nicht um Hilfe, weil Sie ihm beweisen wollen, dass Sie – zumindest in Ihren Augen – das »bessere« oder liebevollere Kind von Ihnen beiden sind. Es könnte auch sein, dass Sie am »Punktesammeln« sind, damit Sie Ihren Bruder eines Tages daran erinnern können, was Sie alles für Ihre Mutter getan haben. Wenn er Ihnen bei der Betreuung helfen würde, würden Sie diesen mehr als zweifelhaften Vorteil verlieren.

5. Wer muss an der Problemlösung beteiligt werden?

Im Grunde genommen geht es hier gleich um drei Probleme: Sie müssen entlastet werden, Ihr Bruder beteiligt sich nicht an der Betreuung ihrer Mutter, und Sie sind enttäuscht, weil Ihre Mutter Ihre Arbeit nicht zu schätzen weiß. Über das erste Problem – Ihre Arbeitsentlastung – sprechen Sie am besten mit Ihrem Bruder *und* Ihrer Mutter. Über die beiden anderen Probleme sollten Sie jeweils mit der Person sprechen, die das Problem in erster Linie betrifft, also im einen Fall mit Ihrem Bruder und im anderen mit Ihrer Mutter.

6. Welches Ziel haben Sie?

Ihr unmittelbares Ziel besteht darin, sich von der Rolle als einzige Helferin Ihrer Mutter zu befreien, vorzugsweise dadurch, dass Ihr Bruder seinen Teil zur Betreuung beiträgt. Darüber hinaus wollen Sie die Wut loswerden, die Sie Ihrer Mutter und Ihrem Bruder gegenüber empfinden. Und schließlich möchten Sie von Ihrer Mutter Anerkennung für Ihre Arbeit bekommen.

So lösen Sie das Problem

1. Lösungskriterien

Ihre Lösung muss garantieren, dass die Betreuung Ihrer Mutter weniger Zeit und Energie von Ihnen erfordert. Darüber hinaus soll sie auch dafür sorgen, dass Sie nicht mehr so wütend auf Ihre Mutter und Ihren Bruder sind. Die physischen und emotionalen Bedürfnisse Ihrer Mutter müssen weiterhin erfüllt werden. Und da Sie möchten, dass Ihr Bruder mithilft, muss die Lösung auch für ihn akzeptabel sein.

2. Überlegen Sie sich mehrere mögliche Lösungen

Bei Ihrer Lösung sollten Sie sich vor allem darauf konzentrieren, die bei der Betreuung Ihrer Mutter anfallende Arbeitsbelastung zu reduzieren. Dies dürfte Ihnen am besten gelingen, wenn Sie Ihrer Mutter und Ihrem Bruder sagen, dass Sie Hilfe brauchen. Überlegen Sie, welche Art von Hilfe Sie benötigen, und sprechen Sie dann mit Ihrem Bruder, damit er einige Aufgaben übernimmt. Sie könnten ihn zum Beispiel bitten, den wöchentlichen Einkauf zu machen und Ihre Mutter zu Arztterminen zu begleiten, wenn Sie keine Zeit dazu haben.

Wenn Sie allerdings mehr Hilfe brauchen, als Ihr Bruder leisten möchte, könnte eine weitere Lösung darin bestehen, jemanden einzustellen, der die Betreuung Ihrer Mutter teilweise oder auch ganz übernimmt.

Und schließlich sollten Sie mit Ihrer Mutter darüber sprechen, dass Sie sich zurückgesetzt fühlen und der Meinung sind, Ihre Arbeit würde nicht gewürdigt werden. Dies ist allerdings ein anderes Problem, das mit Ihrer momentanen Arbeitsüberlastung nichts zu tun hat und daher auch zu einem späteren Zeitpunkt in Angriff genommen werden kann.

3. Analyse der verschiedenen Lösungsmöglichkeiten

Ziel: Wie können Sie den mit der Betreuung Ihrer Mutter verbundenen Arbeitsaufwand reduzieren? Die beste Lösung wäre, Ihrer Mutter und Ihrem Bruder zu sagen, dass Sie kurz vor einem Zusammenbruch stehen, und Ihren Bruder zu bitten, bei der Betreuung Ihrer Mutter zu helfen.

	MÖGLICHE LÖSUNGEN			
KRITERIEN	Nichts tun	Mit Mutter und Bruder über Arbeitsüberlastung sprechen; Bruder um Hilfe bitten	Jemanden einstellen, der Betreuung teilweise oder ganz übernimmt	(optional) Mit Ihrer Mutter darüber sprechen, dass Ihre Arbeit nicht von ihr gewürdigt wird
Muss Ihnen bei der Betreuung Ihrer Mutter einige Aufgaben abnehmen	Nein	Ja, wenn Ihr Bruder bereit ist zu helfen	Ja	Nicht direkt, aber es könnte Ihrer Mutter klar machen, dass Sie Unterstützung brauchen
Muss dafür sorgen, dass Sie nicht mehr so wütend auf Mutter und Bruder sind	Nein	Vermutlich, wenn Ihr Bruder bereit ist zu helfen	Ja, wenn Sie die Kosten dafür nicht allein übernehmen	Vermutlich, wenn Ihre Mutter Rücksicht auf Ihre Gefühle nimmt
Muss physische und emotionale Bedürfnisse Ihrer Mutter erfüllen	Ja, aber nicht mehr lange	Ja, wenn Ihr Bruder bereit ist zu helfen	Ja, wenn Sie Ihre Mutter weiterhin besuchen (auch Ihr Bruder muss öfter kommen)	Ja, wenn Sie einfühlsam vorgehen
Muss für Ihren Bruder akzeptabel sein	Ja	Zweifelhaft	Zweifelhaft	Nicht zutreffend

159

4. Analyse unter Berücksichtigung von »Murphys Gesetz«

Ihre Versuche, dieses Problem zu lösen, können durch mehrere Umstände torpediert werden. Zum Einen ist es ganz und gar nicht Ihre Art, die Konfrontation mit anderen zu suchen, so dass Sie Ihrem Bruder oder Ihrer Mutter unter Umständen gar nicht sagen können, was Sie denken. Zum Anderen könnte es durchaus sein, dass Sie, weil es dieses Problem schon seit einigen Jahren gibt und Sie kurz vor einem Burnout stehen, zwar *anfangen*, den beiden Ihre Meinung zu sagen, aber dann so wütend werden, dass Sie Ihr eigentliches Ziel aus den Augen verlieren und die Diskussion sinnlos wird.

Um dies zu vermeiden, sollten Sie sich auf das Gespräch mit Ihrer Mutter und Ihrem Bruder gut vorbereiten. Überlegen Sie sich, was Sie sagen wollen, damit den beiden klar wird, wie Sie das Ganze sehen. Formulieren Sie Sätze und sprechen Sie sie laut aus, um festzustellen, wie sie wirken. Sie können auch Ihren Mann bitten, Ihnen bei der Vorbereitung auf das Gespräch zu helfen. (Er könnte Ihnen bei der Ausarbeitung Ihrer Argumentation helfen oder zu dem Gespräch mitkommen.)

Wenn Sie sich nicht vorstellen können, auf Konfrontationskurs zu Ihrem Bruder und Ihrer Mutter zu gehen, sollten Sie ihnen vielleicht besser einen Brief schreiben, bevor Sie mit ihnen sprechen. Wenn die beiden wissen, was Sie bedrückt, fällt es Ihnen womöglich leichter, mit ihnen zu reden. (In den Kapiteln 2 und 3 finden Sie hilfreiche Tipps zu Kommunikation und Konfrontation.)

Selbst wenn es Ihnen gelingt, den beiden klar zu machen, dass es so nicht weitergehen kann und Sie Unterstützung brauchen, weigert sich Ihr Bruder unter Umständen immer noch, seinen Teil zur Betreuung ihrer Mutter zu leisten. Sollte dies der Fall sein, müssen Sie auf eine andere Lösung zurückgreifen und jemanden einstellen, der Sie unterstützt.

Wenn Ihre Mutter sich weigert, Hilfe von Dritten anzunehmen, und darauf besteht, von Familienmitgliedern versorgt zu werden, müssen Sie herausfinden, welche Gründe sie dafür hat, und versuchen, ihre Einwände zu entkräften. Können Sie sie nicht überzeugen, wird Ihnen letztendlich nichts anderes übrig bleiben, als Ihrer

Mutter zu sagen, dass Sie in eine Einrichtung für betreutes Wohnen ziehen muss. Wenn Ihrer Mutter klar wird, was das für sie bedeutet, wird sie vielleicht doch noch einlenken und fremde Hilfe akzeptieren.

5. Setzen Sie Ihren Plan um

Bevor Sie mit Ihrer Mutter oder Ihrem Bruder sprechen, müssen Sie sich überlegen, welche Aufgaben Sie auch in Zukunft übernehmen können und welche nicht. Als Nächstes sollten Sie Ihrer Mutter und Ihrem Bruder mitteilen, wie die Situation aussieht und was Sie vorhaben. Für diese Gespräche sind Ich-Botschaften am besten geeignet, da Sie Ihre Unzufriedenheit ausdrücken wollen, ohne einem von beiden Vorwürfe zu machen oder Schuld zuzuweisen. Wenn Sie zu Ihrer Mutter sagen, »Ich schaffe es nicht mehr allein«, ist das eine unmissverständliche Aussage. »Du weißt das, was ich für dich tue, ja gar nicht zu schätzen«, ist dagegen ein persönlicher Angriff, der mit Sicherheit eine defensive Antwort hervorrufen wird. Wenn Sie zu Ihrem Bruder sagen, »Ich bin wütend, weil du nie fragst, ob du helfen kannst«, drücken Sie damit aus, wie Sie sich gerade fühlen. »Du bist ein Egoist. Mutter ist dir völlig gleichgültig« jedoch wird Ihren Bruder geradezu herausfordern, einen Streit mit Ihnen zu beginnen oder einfach zu gehen.

Wenn Sie mit den beiden sprechen, sollten Sie unmissverständlich deutlich machen, dass sich etwas ändern muss. Sagen Sie Ihrem Bruder, dass Sie seine Hilfe brauchen. Versichern Sie Ihrer Mutter, dass sie, egal, was passiert, auch in Zukunft gut versorgt werden wird. Wenn einer von beiden nicht akzeptieren will, was Sie sagen, und ausfallend wird oder Sie einschüchtern will, sollten Sie Du-Botschaften einsetzen, um die Situation unter Kontrolle zu halten und Ihren Standpunkt zu vertreten.

Bei den Gesprächen mit Ihrer Mutter und Ihrem Bruder muss klar werden, dass Sie Ihre Mutter in Zukunft nicht mehr allein betreuen können und Ihr Bruder bestimmte Aufgaben übernehmen muss, um Sie zu entlasten. Sollte sich herausstellen, dass es ohne Hilfe von Dritten nicht geht, müssen Sie die entsprechenden Vorkehrungen treffen. Sie – oder besser noch Sie und Ihr Bruder zusammen – müssen eine geeignete Person oder einen guten Pflegedienst finden. Sie und Ihr Bruder müssen Ihrer Mutter dabei helfen, sich an die veränderte Situation zu gewöhnen, und ihr die Übergangszeit so einfach wie möglich machen.

6. Überprüfen Sie, ob Ihr Plan funktioniert

Sie werden wissen, ob Ihr Plan funktioniert, wenn Sie nicht mehr die Einzige sind, die sich um die Betreuung Ihrer Mutter kümmert, und wenn Sie nicht mehr so wütend auf Ihre Mutter und Ihren Bruder sind. Und falls Sie sich entschließen können, mit Ihrer Mutter über deren undankbares Verhalten zu sprechen, werden Sie wissen, dass Ihrer Mutter bewusst ist, wie Sie sich fühlen, wenn sie Ihnen gegenüber endlich ein paar Worte der Dankbarkeit findet.

Problem 12
Mein Vater möchte zu uns ziehen, aber mein Mann ist dagegen

Situation

Seit dem Tod Ihrer Mutter vor zwei Jahren lebt Ihr 78-jähriger Vater allein in dem großen Haus der Familie. Gesundheitlich geht es ihm recht gut, obwohl er mit Mitte sechzig Arthritis bekommen hat. Seitdem leidet er an starken Hüftschmerzen und ist auch in seiner Mobilität sehr eingeschränkt, so dass er Schwierigkeiten hat, seinen Haushalt allein zu versorgen. Vor kurzem hat ihm sein Arzt gesagt, dass in absehbarer Zukunft ein künstliches Hüftgelenk eingesetzt werden muss.

Selbst wenn sich Ihr Vater nicht zu einer Operation entschließen würde, wissen Sie und er, dass er schon bald Hilfe brauchen wird. Leider wohnen Sie mehrere Stunden von ihm entfernt und könnten ihn nicht oft besuchen, da Sie berufstätig sind und nur wenig Freizeit haben. Vor kurzem hat Ihr Vater aus heiterem Himmel zu Ihnen gesagt, dass er zu Ihnen und Ihrem Mann ziehen möchte. Ihr Haus ist zwar nicht sehr groß, aber Sie könnten ein Zimmer für ihn herrichten. Sie müssten einige Opfer bringen, doch machbar wäre es.

Ihr Vater und Frank, Ihr 59 Jahre alter Mann, haben sich noch nie gut verstanden. Die Tatsache, dass Ihr Vater nur mit Ihnen darüber gesprochen hat, dass er zu Ihnen ziehen will, sagt einiges über seine Einstellung zu Frank aus, die nicht gerade von Respekt geprägt ist. Frank wiederum hat sich darüber aufgeregt, dass Ihr Vater nicht auch mit ihm gesprochen hat. Außerdem will Ihr Mann nächstes Jahr in Rente gehen und befürchtet jetzt, dass man dann von ihm erwartet, sich um Ihren Vater zu kümmern.

Sie dagegen hatten immer eine sehr enge Beziehung zu Ihrem Vater, obwohl es für Sie manchmal schwierig ist, sich ihm gegen-

163

über zu behaupten. Eigentlich haben Sie gar nichts dagegen, dass Ihr Vater zu Ihnen zieht, und würden seine Bitte nur ungern ablehnen. Allerdings wollen Sie sich auch nicht auf etwas einlassen, dass zu schwer wiegenden Problemen zwischen Ihnen und Ihrem Mann führen könnte.

So analysieren Sie das Problem

1. Sind sich alle darüber einig, dass ein Problem vorliegt?

Alle Beteiligten sind sich darüber einig, dass es ein Problem gibt, aber jeder von Ihnen sieht die Sache etwas anders. Für Ihren Vater besteht das Problem darin, dass er Hilfe braucht. Er sieht die Lösung des Problems darin, zu Ihnen und Ihrem Mann zu ziehen.

Für Ihren Mann besteht das Problem gerade darin, dass Ihr Vater zu Ihnen ziehen möchte. Angesichts der gespannten Beziehung zwischen den beiden und der Tatsache, dass Ihr Vater Ihrem Mann keinen Respekt entgegenbringt, könnte der Einzug Ihres Vaters schlimme Folgen für Ihren Mann haben. Für Sie wiederum ist das Problem, dass Ihr Vater und Ihr Mann anscheinend keinen Weg finden, miteinander auszukommen. Sie sitzen zwischen allen Stühlen.

2. Wie dringend ist das Problem wirklich?

Es besteht kein Grund dafür, dass Ihr Vater sofort zu Ihnen zieht. Allerdings wird er bald Hilfe brauchen, da er Schwierigkeiten damit hat, allein zu leben. Deshalb muss in absehbarer Zeit eine Entscheidung getroffen werden.

3. Was steckt hinter dem problematischen Verhalten Ihres Vaters und Ihres Mannes?

Dass Ihr Vater Ihrem Mann keinen Respekt entgegenbringt, liegt vielleicht daran, dass er ichbezogen denkt und eine enge Bezie-

164

hung zu Ihnen hat. Er geht davon aus, dass er in Ihrem Haus willkommen ist, egal, wie er sich Frank gegenüber verhält.

Ihr Mann nimmt es Ihrem Vater übel, dass dieser ihn so respektlos behandelt, und will nicht, dass er zu Ihnen zieht, obwohl Sie sich Sorgen wegen des schlechten Gesundheitszustandes Ihres Vaters machen. Frank kann das Verhalten Ihres Vaters ihm gegenüber für kurze Zeit ertragen, aber er will nicht jeden Tag damit leben. Da Sie so eine gute Beziehung zu Ihrem Vater haben, befürchtet Frank vielleicht auch, dass er gezwungen wird, in seinem eigenen Haus die zweite Geige zu spielen.

4. In welche emotionale Falle sind Sie getappt?

Da Ihr Vater und Ihr Mann nicht miteinander auskommen, werden Sie von ihnen quasi gezwungen, sich für einen von beiden zu entscheiden. Welche Bedürfnisse Ihr Vater hat, ist klar, und sein Wunsch, zu Ihnen zu ziehen, ist im Grunde genommen recht vernünftig. Sie wollen seine Bitte nicht ablehnen, weil Sie befürchten, dass die Beziehung zu Ihrem Vater darunter leiden wird und der Eindruck entstehen könnte, es läge Ihnen nichts an ihm. Wenn Ihr Vater bei Ihnen einzieht, würde das mit Sicherheit Ihr schlechtes Gewissen im Hinblick darauf beruhigen, dass Sie ihn nicht so oft besuchen können, wie Sie gern möchten, und gleichzeitig sicherstellen, dass er gut versorgt wird.

Aber Sie wissen auch, wie Ihr Mann zu Ihrem Vater steht, und dass es seine Gründe hat, warum die beiden nicht miteinander auskommen. Sie wollen Franks Gefühle nicht verletzen – und Ihre Ehe nicht gefährden –, indem Sie sich über seine Weigerung, Ihren Vater bei Ihnen einziehen zu lassen, einfach hinwegsetzen.

5. Wer muss an der Problemlösung beteiligt werden?

An der Lösung dieses Problems müssen Sie, Ihr Mann und Ihr Vater beteiligt werden.

6. Welches Ziel haben Sie?

Sie wollen gewährleisten, dass Ihr Vater auf eine Art und Weise versorgt und betreut wird, die sowohl für Sie als auch für ihn akzeptabel ist. Gleichzeitig wollen Sie sich weder gegen Ihren Mann stellen noch Ihre Ehe in Gefahr bringen.

So lösen Sie das Problem

1. Lösungskriterien

Ihre Lösung muss für alle Beteiligten akzeptabel sein. Sie muss dafür sorgen, dass weder Gesundheit noch Sicherheit Ihres Vaters gefährdet werden, und darf Ihre enge Beziehung zu ihm nicht gefährden. Und schließlich darf sie nicht zu Differenzen zwischen Ihnen und Ihrem Mann führen.

2. Überlegen Sie sich mehrere mögliche Lösungen

Eine Lösung könnte darin bestehen, Ihrem Vater vorzuschlagen, für eine gewisse Zeit – sagen wir sechs Monate – bei Ihnen und Ihrem Mann einzuziehen, um zu sehen, ob ein Zusammenleben funktionieren könnte. Sie müssen dann allerdings von Anfang an – unabhängig davon, ob Ihr Vater bei Ihnen wohnen bleibt oder wieder auszieht – klar stellen, dass weder Sie noch Ihr Mann für ihn sorgen werden. Das heißt, Ihr Vater muss bereit sein, eine Haushaltshilfe oder Pflegekraft einzustellen und zu bezahlen, wenn sich seine Arthritis weiter verschlimmert oder er nach der Operation Unterstützung braucht. Ihr Vater sollte für die Zeit, in der er probeweise bei Ihnen wohnt, sein Haus behalten, für den Fall, dass der Versuch, mit Ihnen beiden zusammenzuleben, scheitert.

Eine andere Lösung könnte so aussehen, dass Ihr Vater in seinem Haus wohnen bleibt, aber jemanden einstellt, der ihm im Haushalt und bei anderen Dingen hilft.

3. Analyse der verschiedenen Lösungsmöglichkeiten

Ziel: Wie können Sie sicherstellen, dass Ihr Vater gut versorgt wird, ohne dadurch Ihre Ehe in Gefahr zu bringen? Die beste Lösung wäre es, wenn Ihr Vater zunächst probeweise zu Ihnen zieht.

	MÖGLICHE LÖSUNGEN		
KRITERIEN	Nichts tun	Ihrem Vater vorschlagen, dass er für eine bestimmte Zeit probeweise zu Ihnen zieht; ihm klar machen, dass er unter Umständen eine Haushaltshilfe oder eine Pflegekraft einstellen muss	Ihren Vater in seinem Haus wohnen lassen und bei Bedarf eine Haushaltshilfe einstellen
Muss für Sie akzeptabel sein	Nein	Ja	Ja
Muss für Ihren Mann akzeptabel sein	Ja	Vermutlich, wenn die »Probezeit« erfolgreich verläuft	Ja
Muss für Ihren Vater akzeptabel sein	Nein	Vermutlich	Vermutlich nicht
Muss dafür sorgen, dass Gesundheit und Sicherheit Ihres Vaters nicht gefährdet werden	Nein	Ja	Ja
Muss dafür sorgen, dass die Beziehung zu Ihrem Vater nicht gefährdet wird	Nein	Ja	Vermutlich
Muss dafür sorgen, dass zwischen Ihnen und Ihrem Mann keine Differenzen entstehen	Nein	Vermutlich, wenn die »Probezeit« erfolgreich verläuft	Ja

167

4. Analyse unter Berücksichtigung von »Murphys Gesetz«

Sie könnten es mit zwei Problemen zu tun bekommen. Zum Einen könnte Ihr Vater – selbst wenn Sie ihn von vornherein warnen, es nicht zu tun – Ihren Mann weiterhin so respektlos wie bisher behandeln. Sollte dies der Fall sein, müssen Sie und Frank hart bleiben und darauf bestehen, dass Ihr Vater wieder auszieht. Wenn Sie und Ihr Mann in dieser Hinsicht eine geschlossene Front bilden, wird es sich Ihr Vater sicher zweimal überlegen, ob er sich Frank gegenüber respektlos benimmt.

Zum Anderen wird sich Ihr Vater vielleicht weigern, eine Haushaltshilfe oder eine Pflegekraft einzustellen, wenn er Unterstützung braucht, und Sie dazu zwingen wollen, seine Betreuung selbst zu übernehmen. Obwohl es Ihnen sicher schwerfallen wird, Ihren kranken Vater aus dem Haus zu werfen, bleibt Ihnen keine andere Wahl. Wenn Ihr Vater wieder in seinem eigenen Haus wohnt und immer noch keine Haushaltshilfe einstellen will, wären Sie moralisch dazu verpflichtet, ihn wegen Selbstvernachlässigung bei den zuständigen Behörden zu melden.

Dazu werden dann noch zahlreiche kleinere Probleme kommen, die immer dann entstehen, wenn mehrere Personen unter einem Dach zusammenleben, zum Beispiel, welcher Sender im Fernseher eingeschaltet wird oder zu welchen Zeiten Gäste kommen können. Wenn Sie mit Schwierigkeiten dieser Art rechnen und alle Beteiligten einlenken und Kompromisse schließen, können Sie vielleicht verhindern, dass aus solch kleineren Problemen schwer wiegende Konflikte entstehen.

5. Setzen Sie Ihren Plan um

Sie verlangen sehr viel von Ihrem Mann und müssen daher auch bereit sein, ein Nein von ihm zu akzeptieren. Erklären Sie Frank, warum es für Sie so wichtig ist, das Ihr Vater zu Ihnen zieht, und fragen Sie ihn, ob er bereit wäre, es für ein paar Monate mit ihm zu versuchen. Überlegen Sie sich gemeinsam, wie Ihr Plan im Einzelnen aussehen soll, und feilen Sie so lange an den Details, bis Sie beide damit zufrieden sind.

Dann sollten Sie und Ihr Mann gemeinsam mit Ihrem Vater sprechen und ihm sagen, dass Sie bereit sind, ihn für eine bestimmte Zeit zur Probe bei sich einziehen zu lassen. Sie müssen ihm aber von vornherein klar machen, dass er, wenn er sich Frank gegenüber respektlos verhält, sofort wieder in sein eigenes Haus ziehen und, falls erforderlich, eine Haushaltshilfe akzeptieren muss.

Sie werden die Einstellung Ihres Vaters kaum ändern können, aber Sie sind vielleicht in der Lage, sein Verhalten zu ändern, wenn Sie ihm die Konsequenzen vor Augen führen. Sagen Sie ihm, was Sie für ihn tun wollen und was nicht und was Sie dafür von ihm erwarten. Um Missverständnisse und verletzte Gefühle zu vermeiden, müssen Sie drei sich über ein paar wichtige Punkte einigen, beispielsweise, welche Möbel Ihr Vater mitbringen kann, außerdem über Mahlzeiten, Privatsphäre, Urlaubspläne, Fernsehen, Gäste oder Kosten für eventuell erforderliche bauliche Veränderungen wie Rollstuhlrampen oder Haltegriffe im Badezimmer.

Auch die Möglichkeit, dass Ihr Vater betreut oder gepflegt werden muss, darf nicht unerwähnt bleiben. Sie könnten zum Beispiel Folgendes zu ihm sagen: »Vater, da Frank und ich dich auf keinen Fall selbst betreuen oder pflegen können, wäre es doch gar nicht schlecht, wenn wir uns jetzt schon mal ein paar Pflegedienste ansehen – nur für den Fall, dass es tatsächlich einmal notwendig sein sollte. Auf diese Weise kannst du sicher sein, dass du gut versorgt wirst, wenn es so weit ist.« Anhand seiner Reaktion auf Ihren Vorschlag können Sie feststellen, ob er Ihre Bedingungen respektieren wird oder nicht. Wenn er bereits in der Anfangsphase unzugänglich und halsstarrig ist, sollten Sie sich für eine andere Lösung entscheiden.

Wenn Sie sich mit Ihrem Vater auf die Bedingungen für einen Einzug bei Ihnen einigen können, sollten Sie ihm beim Umzug helfen und sicherstellen, dass sich jemand während der Abwesenheit Ihres Vaters um sein Haus kümmert.

Gehen Sie davon aus, dass Ihnen, Ihrem Mann und Ihrem Vater eine Übergangsphase bevorsteht, die durchaus mehrere Wochen dauern kann. In dieser Zeit muss jeder bereit sein, vernünftig mit dem anderen zu reden, wenn es zu Problemen oder Irritationen kommt, damit aus Kleinigkeiten nicht plötzlich ein Riesenstreit entsteht.

6. Überprüfen Sie, ob Ihr Plan funktioniert

Sie werden wissen, ob Ihr Plan funktioniert, wenn Ihr Mann, Ihr Vater und Sie unter einem Dach miteinander auskommen. Beschwerden von Ihrem Vater oder Ihrem Mann, schlaflose Nächte oder Differenzen zwischen Ihnen und Frank können ein Hinweis darauf sein, dass Sie Ihre Entscheidung noch einmal überdenken sollten.

Problem 13
Mein Vater besteht darauf, meine Mutter selbst zu pflegen, obwohl er dazu nicht in der Lage ist

Situation

Ihr 85-jähriger Vater war früher Manager, ist aber schon lange im Ruhestand. Ihre Mutter, die als Lehrerin gearbeitet hat, ist 83 Jahre alt. Die beiden sind seit 62 Jahren verheiratet. Seit drei Jahren ist Ihre Mutter nach einem Schlaganfall teilweise gelähmt und wird von Ihrem Vater gepflegt. Er badet sie, zieht sie an und hilft ihr bei allem. Außerdem kocht und putzt er und erledigt die Wäsche. Ihre Mutter scheint mit der Situation ganz zufrieden zu sein, und in den letzten Jahren ist Ihr Vater auch gut zurechtgekommen.

Vor einiger Zeit hat sich jedoch seine Arthritis verschlimmert, und er sieht müde und erschöpft aus. Obwohl Sie den Eindruck haben, dass Ihrem Vater alles zu viel wird, sagt er immer, dass er zurechtkomme. Vor kurzem ist Ihnen aufgefallen, dass das Haus Ihrer Eltern nicht mehr so ordentlich geputzt ist wie sonst. In den Ecken sammelt sich der Staub, und das Badezimmer sieht aus, als wäre es schon längere Zeit nicht mehr gründlich sauber gemacht worden. Es sind nur wenige Lebensmittel im Haus, und Sie finden vor allem Tiefkühlkost, Knabberzeug und Eiskrem im Gefrierschrank und den Schränken – alles nicht das, was man unter einer gesunden Ernährung versteht, aber dafür einfach zuzubereiten. Außerdem wirken Ihre Eltern, die immer sehr auf ihr Aussehen geachtet haben, ungepflegt und schmuddelig. Jedes Mal, wenn Sie zu Besuch kommen, machen Sie sich mehr Sorgen. Aber wenn Sie vorschlagen, dass Ihre Eltern sich von jemandem helfen lassen, werden beide wütend.

171

So analysieren Sie das Problem

1. Sind sich alle darüber einig, dass ein Problem vorliegt?

Ihr Vater hat Ihnen deutlich zu verstehen gegeben, dass er keine Hilfe möchte, und oberflächlich betrachtet scheinen Ihre Eltern ja auch zurechtzukommen. Allerdings wäre es falsch zu sagen, dass es eigentlich gar kein Problem gibt. Das Problem ist im Entstehen. Die Lebensqualität Ihrer Eltern verschlechtert sich zusehends, und Sie haben allen Grund, sich Sorgen zu machen.

2. Wie dringend ist das Problem wirklich?

Sie machen sich Sorgen über die Ernährung Ihrer Eltern, den Zustand ihres Hauses und ihre Körperpflege. Obwohl die Lebensmittel, die Sie bei ihnen gefunden haben, von minderer Qualität sind, genügen sie vermutlich für eine ausreichende Ernährung. Das Haus ist zwar nicht sehr sauber und aufgeräumt, aber man kann darin wohnen. Und die nachlässige Körperpflege Ihrer Eltern mag zwar kein schöner Anblick sein, aber sie stellt keine unmittelbare Gefahr für ihre Gesundheit dar. Sie können jedoch davon ausgehen, dass sich die Situation in der nächsten Zeit verschlimmern wird.

Sie müssen jetzt eine Entscheidung treffen. Sie können Ihren Eltern Hilfe anbieten, und zwar auf eine Art und Weise, die sie nicht als beleidigend empfinden, oder zunächst nichts tun und einfach abwarten, dabei aber auf Anzeichen für eine unmittelbar bevorstehende Krise achten. Mögliche Indikatoren für eine solche Krise wären zum Beispiel:

- Ihr Vater gibt zu, dass er es nicht mehr allein schafft.
- Ihr Vater vernachlässigt oder misshandelt Ihre Mutter.
- Ihre Mutter riecht schlecht, weil sie nicht oft genug gebadet wird.
- Ihre Mutter oder Ihr Vater oder auch beide nehmen stark ab.

Wenn Ihnen solche Veränderungen auffallen, kann niemand mehr leugnen, dass es ein Problem gibt. Zu diesem Zeitpunkt müssen Sie eingreifen, auch wenn dies bedeutet, sich über das hinwegzusetzen, was Ihre Eltern wollen.

3. Was steckt hinter dem problematischen Verhalten Ihrer Eltern?

Ihre Eltern sagen immer wieder, dass sie keine Hilfe von anderen wollen, obwohl es offensichtlich ist, dass sie Hilfe ganz gut gebrauchen könnten. Es muss also gewichtige Gründe dafür geben, dass sie so uneinsichtig sind. Möglich wäre zum Beispiel:

Ihre Eltern wollen nicht zugeben, dass sie nicht länger für sich selbst sorgen können. Wenn Sie Ihren Eltern Hilfe anbieten, fassen sie dies unter Umständen so auf, als würden Sie Zweifel daran haben, dass Ihr Vater Ihre Mutter angemessen versorgen kann. Ihr gut gemeinter Versuch, Ihrem Vater das Leben zu erleichtern, kann auch so verstanden werden, dass Sie seine Arbeit nicht zu schätzen wissen und für seinen Einfallsreichtum und sein Geschick im Umgang mit Ihrer Mutter nichts übrig haben.

Ihre Eltern wollen unabhängig bleiben. Sie haben sich bis jetzt immer selbst um alles gekümmert und sind daran gewöhnt, ihre Entscheidungen selbst zu treffen. Es dürfte daher keine Überraschung für Sie sein, dass sie etwas dagegen haben, wenn Sie jetzt die Entscheidungen für sie treffen wollen.

Ihre Eltern wollen nicht wahrhaben, dass sich die Arthritis Ihres Vaters immer mehr verschlimmert. Im Laufe der Jahre haben Ihre Eltern eine ganz besondere Beziehung zueinander entwickelt. So lange Ihr Vater noch für Ihre Mutter sorgt, können die beiden die Illusion aufrechterhalten, dass sich nichts geändert hat.

Ihre Mutter ist vielleicht bereit, sich von anderen helfen zu lassen, möchte sich aber nicht gegen Ihren Vater stellen. Oder Sie möchte nicht, dass Fremde ins Haus kommen und sie pflegen. (Wenn dies der Fall ist, weigert sich Ihr Vater vielleicht aus Respekt vor den Gefühlen Ihrer Mutter, Hilfe von anderen anzunehmen.) Wenn nicht klar ist, wer was braucht, müssen Sie unter Umständen einzeln mit Ihren Eltern sprechen oder auf unausge-

173

sprochene Hinweise achten. (Auf den Seiten 25–30 finden Sie Hinweise darauf, wie Sie das machen.)

4. In welche emotionale Falle sind Sie getappt?

Obwohl Sie gute Gründe haben, sich Sorgen um Ihre Eltern zu machen, ist bis jetzt noch nichts Schlimmes passiert, und es ist ziemlich wahrscheinlich, dass es auch in der nächsten Zeit nicht dazu kommen wird. Wenn Sie sich verpflichtet fühlen, jetzt sofort etwas zu unternehmen, könnte dies daran liegen, dass Ihre Urteilskraft von Ihren eigenen Bedürfnisse beeinflusst wird.

Sie könnten beispielsweise von Ihren Vorstellungen darüber geleitet werden, wie Ihre Eltern Ihrer Meinung nach in der Zeit, die ihnen noch bleibt, leben *sollten*. Vielleicht sind Sie auch der Meinung, dass Kinder, denen etwas an ihren Eltern liegt, nicht zulassen dürfen, dass sie so leben wie Ihre Eltern zurzeit. Und vielleicht ist es Ihnen auch peinlich, wie es bei Ihren Eltern zu Hause aussieht.

Unter Umständen machen Sie sich auch Sorgen darüber, was andere wohl denken werden, wenn Sie zulassen, dass alles so weitergeht wie bisher. Wenn ein Besucher Ihrer Eltern etwas über den Staub auf dem Boden oder das schmutzige Badezimmer sagen würde, wäre Ihnen das peinlich. Und wenn der Arzt Ihrer Mutter eine Bemerkung über ihren schlechten Körpergeruch machen würde, würden Sie am liebsten im Erdboden versinken. Selbst wenn Sie der Meinung sind, dass Sie den Willen Ihrer Eltern respektieren müssen, kann es manchmal schwierig sein, anderen Ihre Beweggründe zu erklären.

5. Wer muss an der Problemlösung beteiligt werden?

Da Ihre Eltern nicht der Meinung sind, ein Problem zu haben, wird es zunächst Ihre Aufgabe sein, nach möglichen Lösungen zu suchen. Wenn Sie sich einige Möglichkeiten überlegt haben, müssen Sie mit Ihren Eltern sprechen und sich deren Einverständnis und Mitarbeit sichern. Wenn Ihre Eltern mit keinem Ihrer Vorschläge einverstanden sind, sollten Sie sie bitten, selbst nach einer Lösung zu suchen, die für sie akzeptabel wäre.

6. Welches Ziel haben Sie?

Sie möchten, dass Ihre Eltern Hilfe annehmen, damit sich ihre Lebensqualität nicht noch weiter verschlechtert. Allerdings wollen Sie dadurch nicht den Stolz Ihres Vaters verletzen oder sich über das Selbstbestimmungsrecht Ihrer Eltern hinwegsetzen.

So lösen Sie das Problem

1. Lösungskriterien

Jede erfolgreiche Lösung für Ihr Problem muss dafür sorgen, dass Ihre Mutter gut versorgt wird, ohne dass dabei Ihr Vater zu sehr strapaziert wird. Die Lösung muss sowohl für Ihre Mutter als auch für Ihren Vater akzeptabel sein und darf, soweit dies überhaupt möglich ist, Ihr gutes Verhältnis zu Ihren Eltern nicht beeinträchtigen. Und schließlich darf sie nicht zu viel von Ihnen oder anderen, die sich um Ihre Eltern kümmern, verlangen.

2. Überlegen Sie sich mehrere mögliche Lösungen

Erst einmal nichts zu tun und abzuwarten wäre eine Möglichkeit, da das Problem nicht allzu dringend ist. Eine aktivere Lösung für das Problem Ihrer Eltern zu finden wird nicht einfach sein, da die beiden unter allen Umständen unabhängig bleiben wollen. Die sinnvollste Lösung – einen guten Pflegedienst zu suchen und Ihren Vater durch eine professionelle Pflegekraft unterstützen zu lassen – kommt zurzeit nicht in Frage, da Ihre Eltern dies kategorisch ablehnen.

Sie könnten Ihren Eltern dennoch helfen, wenn Sie ihnen anbieten, bestimmte Dinge für sie zu erledigen, und dabei so vorgehen, dass sie ihre Unabhängigkeit dadurch nicht gefährdet sehen. Sie könnten beispielsweise fragen, ob Sie Ihnen etwas mitbringen können, wenn Sie einkaufen gehen, oder einen Nachbarn bitten, den Einkauf Ihrer Eltern mitzumachen. Möglich wäre auch, ihnen zu Weihnachten oder zum Geburtstag einen Gutschein für ein Reinigungsunternehmen zu schenken, das einmal ins Haus kommt und gründlich putzt. Auf diese Weise können Sie helfen, ohne dass Ihre Eltern einen falschen Eindruck bekommen und glauben, Sie würden sie für unfähig halten, allein zurechtzukommen.

Stufenlösungen dieser Art werden in der Regel akzeptiert, da es dabei um kleine Dienste geht, die eigentlich jedem willkommen sind. Und Sie bekommen auf diese Weise einen Fuß in die Tür und machen Ihren Eltern klar, dass sie nicht alles selbst erledigen müssen. Wenn sich Ihre Eltern an kleine Hilfsdienste dieser Art gewöhnt haben, werden sie vielleicht einlenken und regelmäßige Hilfe annehmen.

Wenn Ihre Eltern den Gedanken, Hilfe von anderen anzunehmen, nicht mehr ganz so abwegig finden, und deutlich wird, dass sie diese Hilfe auch dringend brauchen, werden Sie vielleicht eine dritte mögliche Lösung in Erwägung ziehen können, die darin besteht, Ihren Vater durch einen guten Pflegedienst unterstützten zu lassen. Wenn es so weit ist und Sie Ihren Eltern vorschlagen, die Dienste einer Pflegekraft in Anspruch zu nehmen, werden Sie Ihrem Vater versichern müssen, dass er sich auch in Zukunft um die Pflege Ihrer Mutter kümmern kann. Außerdem sollten Sie beiden klar machen, dass die Einstellung einer Pflegekraft in erster Linie sicherstellen soll, dass die beiden in ihrem Haus bleiben können, ohne Einbußen bei ihrer Lebensqualität hinnehmen zu müssen.

Die am wenigsten wünschenswerte und brutalste Lösung wäre, darauf zu bestehen, dass Ihre Eltern sofort Hilfe von anderen akzeptieren, und damit zu drohen, sie bei den entsprechenden Behörden wegen Selbstvernachlässigung zu melden, falls sie sich weigern. Diese Vorgehensweise – die nur Ihren Interessen, nicht aber denen Ihrer Eltern dient – würde Ihren Eltern zwar deutlich machen, dass Sie sich Sorgen um sie machen, aber gleichzeitig auch das Verhältnis zu ihnen zerstören.

3. Analyse der verschiedenen Lösungsmöglichkeiten

Ziel: Wie können Sie Ihre Eltern dazu bewegen, sich helfen zu lassen?
Da Ihre Eltern sich kategorisch weigern, eine Pflegekraft ins Haus zu lassen, wäre es vermutlich am besten, wenn Sie es zunächst einmal mit einer Stufenlösung versuchen würden.

KRITERIEN	MÖGLICHE LÖSUNGEN			
	Nichts tun	Stufenlösung verwenden	Pflegekraft einstellen	Drohen, Ihre Eltern bei den Behörden zu melden
Muss dafür sorgen, dass Gesundheit und Sicherheit Ihrer Eltern nicht gefährdet werden	Ja, jedenfalls zurzeit – aber nicht für lange	Ja, bis zu einem gewissen Grad	Ja	Ja, aber nur, wenn Sie es auch wirklich tun
Muss für Ihre Eltern akzeptabel sein	Ja	Vermutlich	Vermutlich nicht	Nein
Muss dafür sorgen, dass das gute Verhältnis zu Ihren Eltern nicht leidet	Ja	Vermutlich	Vermutlich nicht	Nein
Muss praktisch und durchführbar sein	Nicht für lange	Vermutlich	Vermutlich	Ja, aber Ihr Verhältnis zu Ihren Eltern wäre zerstört

4. Analyse unter Berücksichtigung von »Murphys Gesetz«

Ein Problem bei der Ausführung Ihres Plans könnte sein, dass Ihre Eltern zwar kleinere Hilfsdienste akzeptieren, aber keine Hilfe auf regelmäßiger Basis wollen. Abhängig davon, was sie an Hilfe annehmen möchten, erreichen Sie dadurch unter Umständen keine echte Verbesserung ihrer Situation.

Ihr Vater könnte sich weigern, überhaupt Hilfe von anderen anzunehmen. In diesem Fall bleibt Ihnen nichts anderes übrig, als abzuwarten und auf Anzeichen für eine unmittelbar bevorstehende Krise zu achten. Dann können Sie eingreifen und es mit einer der anderen Lösungen versuchen.

Ein drittes Problem bei Ihrer Stufenlösung könnte sich ergeben, wenn Sie dabei nicht nur auf sich selbst, sondern auch auf andere vertrauen (beispielsweise auf einen Nachbarn, den Sie bitten, für Ihre Eltern einzukaufen). Es kann vorkommen, dass Helfer ihre Meinung ändern, krank werden oder Ihren Plan auf eine andere Weise durcheinander bringen. Sie sollten Ihre Helfer daher sorgfältig auswählen und ihnen deutlich machen, was Sie von ihnen erwarten und wann sie es tun sollen. Sorgen Sie für Ersatz, falls jemand ausfällt, oder springen Sie in einem solchen Fall selbst ein. Wenn Sie bei Ihren Eltern bestimmte Erwartungen geweckt haben, sollten Sie sie nicht enttäuschen.

5. Setzen Sie Ihren Plan um

Würdigen Sie zunächst die harte Arbeit, die Ihr Vater leistet, und bieten Sie dann Ihre Hilfe an, aber auf eine Art und Weise, die nicht den Eindruck entstehen lässt, Sie halten ihn für unfähig. Sie könnten zum Beispiel Folgendes zu ihm sagen: »Vater, du hast Mutter bis jetzt ganz wunderbar versorgt. Aber ich glaube, du kommst gar nicht mehr zum Einkaufen, weil ihre Pflege so viel Zeit in Anspruch nimmt. Wenn du mir eine Liste machst, kann ich die Sachen am nächsten Samstag mitbringen, da muss ich sowieso in den Großmarkt.« Oder: »Vater, ich weiß, dass dich die Pflege von Mutter sehr in Anspruch nimmt, und deshalb habe ich gedacht, es wäre doch schön, wenn du einmal ein bisschen Zeit für dich selbst hättest. Ich besuche Mutter doch gern, und wenn du möchtest, könnte ich dich am Samstag für ein paar Stunden ablösen.« In beiden Fällen machen Sie es Ihrem Vater leicht, Ihre Hilfe anzunehmen, da er dafür nicht seinen Stolz opfern muss.

Wenn Sie Ihrem Vater ein einmaliges Geschenk machen möchten, könnten Sie es folgendermaßen ankündigen: »Vater, ich habe nicht gewusst, was ich dir zum Vatertag (oder zum Geburtstag etc.) schenken soll, aber du brauchst sicher nicht noch eine Krawatte oder ein Hemd. Daher habe ich für das Geld einen Gutschein von einer Reinigungsfirma hier am Ort gekauft, mit dem du einen Hausputz bestellen kannst. Meine Nachbarin lässt sich von dieser Firma ständig das Haus putzen, und sie ist sehr zufrieden mit den Leuten.«

Wenn Sie eine solche Strategie verfolgen, machen Sie Ihrem Vater deutlich, dass er Ihre Hilfe annehmen kann, ohne dabei seine Rolle als Pfleger Ihrer Mutter aufgeben zu müssen. Außerdem gewöhnen Sie ihn und Ihre Mutter auf diese Weise an den Gedanken, Hilfe von anderen anzunehmen.

Wenn Ihre Eltern mit kleinen Hilfsdiensten einverstanden sind, dann sind Sie auf dem richtigen Weg und können langsam dazu übergehen, Ihre Angebote auszuweiten. Haben Sie den Eindruck, dass Ihre Eltern sich an die Hilfe anderer gewöhnt haben, sollte es möglich sein, dass Sie sich offen mit ihnen über das weitere Vorgehen unterhalten. Hören Sie sich ihre Einwände an, und versuchen Sie, diese mit Informationen und Versicherungen Ihrerseits zu widerlegen. So lange Sie nicht vergessen, dass Ihre Eltern das Recht haben, selbst über ihr Leben zu bestimmen, werden Sie dabei sicher nichts falsch machen.

6. Überprüfen Sie, ob Ihr Plan funktioniert

Sie werden wissen, ob Sie Ihr Ziel erreicht haben, wenn Ihre Eltern so viel Hilfe annehmen, dass Sie sich vernünftig ernähren können und eine ausreichende Körperpflege gewährleistet ist.

Problem 14
Mein Bruder und ich sind nicht damit einverstanden, dass unsere Stiefmutter unseren Vater an Lebenserhaltende medizinische Geräte anschliessen lässt

Situation

Ihr 74-jähriger Vater hat Krebs. Vor zwei Tagen hatte er während einer Operation, bei der ein großer Krebstumor entfernt wurde, einen Herzinfarkt und jetzt liegt er im Koma. Der Arzt sagt, dass Ihr Vater kaum Überlebenschancen hat und vermutlich nicht mehr lange leben wird. Es wäre allerdings möglich, ihn an Lebenserhaltende medizinische Geräte anzuschließen, die sein Leben für kurze Zeit verlängern könnten.

Da Ihr Vater keine Patientenverfügung verfasst und auch keinen Betreuer für einen solchen Fall ernannt hat, muss die Familie entscheiden, was zu tun ist. Sie und Ihr Bruder sind sicher, dass Ihr Vater unter diesen Umständen nicht am Leben erhalten werden möchte. Ihre Stiefmutter dagegen will sämtliche technischen Mittel einsetzen, um sein Leben so lange wie möglich zu verlängern.

Da Sie mit Ihrer Stiefmutter eigentlich gut auskommen, haben Sie versucht, sie dazu zu bringen, Ihren Vater eines natürlichen Todes sterben zu lassen, aber davon will sie nichts wissen. Sie ist wütend geworden und hat dem Arzt gesagt, dass er alles ignorieren soll, was Sie und Ihr Bruder sagen.

So analysieren Sie das Problem

1. Sind sich alle darüber einig, dass ein Problem vorliegt?

Alle sind sich darüber einig, dass eine Entscheidung darüber getroffen werden muss, wie es mit der Behandlung Ihres Vaters weitergeht. Allerdings haben Sie und Ihr Bruder in dieser Beziehung eine völlig andere Meinung als Ihre Stiefmutter. Sie beide glauben, dass ihr Wunsch, ihn an Lebenserhaltende medizinische Geräte anzuschließen, dem Willen Ihres Vaters widerspricht. Und Ihre Stiefmutter glaubt, dass Sie und Ihr Bruder ihr das Recht absprechen wollen, über die Behandlung ihres Mannes zu entscheiden.

2. Wie dringend ist das Problem wirklich?

Dieses Problem ist dringend. Ihre Stiefmutter weiß, dass Ihr Vater so schnell wie möglich an Lebenserhaltende medizinische Geräte angeschlossen werden muss, wenn noch etwas damit erreicht werden soll. Sie dagegen wissen, dass Sie kaum noch etwas unternehmen können, wenn Ihr Vater erst einmal an die Maschinen angeschlossen ist, und es einfacher ist, deren Einsatz von vornherein abzulehnen. Die Entscheidung muss also innerhalb von einem oder zwei Tagen getroffen werden.

3. Was steckt hinter dem problematischen Verhalten Ihrer Stiefmutter?

Ihre Stiefmutter reagiert sehr emotional auf den bevorstehenden Tod ihres Mannes. Sie weiß, dass er nicht mehr lange zu leben hat, zögert aber, ihn sterben zu lassen. Außerdem ist sie der Meinung, dass Sie und Ihr Bruder nicht das Recht haben, bei dieser Entscheidung mitzureden.

181

4. In welche emotionale Falle sind Sie getappt?

Sie wollen sicherstellen, dass die Wünsche Ihres Vaters respektiert werden, und möchten ihn auch nicht unnötig leiden lassen. Es könnte auch sein, dass Sie und Ihr Bruder der Meinung sind, als biologische Kinder Ihres Vaters mehr Mitspracherecht bei einer solchen Entscheidung zu haben als Ihre Stiefmutter. Jemand muss eine Entscheidung treffen, aber sie glauben nicht, dass es Ihre Stiefmutter sein sollte.

5. Wer muss an der Problemlösung beteiligt werden?

Im Prinzip haben Sie alle drei die Befugnis, über die Behandlung Ihres Vaters zu entscheiden. Allerdings wird der Arzt vermutlich eher auf Ihre Stiefmutter hören als auf Sie und Ihren Bruder.

6. Welches Ziel haben Sie?

Sie wollen Ihre Stiefmutter überreden, sich Ihnen und Ihrem Bruder anzuschließen und gemeinsam den Arzt Ihres Vaters zu bitten, keine lebensverlängernden Maßnahmen zu ergreifen. Wenn Sie alle drei einer Meinung sind, wird der Arzt Ihren Wünschen vermutlich entsprechen.

So lösen Sie das Problem

1. Lösungskriterien

Die Lösung muss Ihrer Stiefmutter das Gefühl geben, die richtige Entscheidung zu treffen, eventuelle Zweifel aus dem Weg räumen und sie davon überzeugen, dass sie das tut, was ihr Mann gewollt hätte. Darüber hinaus müssen Sie auch die Gefühle Ihrer Stiefmutter respektieren.

Und schließlich muss die Lösung Ihnen und Ihrem Bruder das Gefühl geben, dass Sie alles tun, um Ihrem Vater die Behandlung zukommen zu lassen, die er gewollt hätte.

2. Überlegen Sie sich mehrere mögliche Lösungen

Um Ihre Stiefmutter dazu zu überreden, sich Ihrer und der Meinung Ihres Bruders anzuschließen und den Arzt zu bitten, keine lebensverlängernden Maßnahmen einzuleiten, müssen Sie ihr beweisen, dass Ihr Vater dies so gewollt hätte. Eine Lösung könnte deshalb darin bestehen, ihr einen handfesten Beweis dafür zu liefern – vielleicht in Form eines Briefs, den Ihr Vater geschrieben hat. Wenn ein solches Schriftstück nicht existiert, können Sie Ihre Stiefmutter vielleicht dadurch überzeugen, dass Sie sie an Gespräche mit Ihrem Vater erinnern, in denen er sich zu lebensverlängernden Maßnahmen bei einem Freund oder einem Verwandten, der dadurch unnötig lange hatte leiden müssen, negativ geäußert hat.

Wenn Sie keinen eindeutigen Beleg dafür haben, wie Ihr Vater über dieses Thema gedacht hat, könnten Sie mit ihr darüber sprechen, was Ihr Vater aufgrund seiner Persönlichkeit und seiner Einstellung zum Leben *vermutlich* wollen würde.

Möglich wäre auch, Ihre Stiefmutter genau darüber zu informieren, was es bedeuten würde, Ihren Vater an Lebenserhaltende medizinische Geräte anschließen zu lassen. Informationsmaterial, in dem genau beschrieben wird, wie solche Maßnahmen aussehen, bekommen Sie von verschiedenen Organisationen und Einrichtungen. Sie könnten auch ein Gespräch Ihrer Stiefmutter mit einer Krankenschwester von der Intensivstation oder jemand anderem mit genauen Kenntnissen und Erfahrungen in diesem Bereich vereinbaren, in dem ihr erklärt wird, wie eine Magensonde, ein Beatmungsgerät und andere Systeme zur Lebensverlängerung funktionieren. Wenn Ihrer Stiefmutter erst einmal klar wird, wie Gerätemedizin in einem solchen Fall wirklich aussieht, wird sie ihre Meinung vielleicht eher ändern. (Siehe auch *Das Recht zu sterben* auf den Seiten 185–186f.)

3. Analyse der verschiedenen Lösungsmöglichkeiten

Ziel: Wie können Sie Ihre Stiefmutter dazu überreden, den Arzt zu bitten, keine lebensverlängernden Maßnahmen zu ergreifen?

	MÖGLICHE LÖSUNGEN		
KRITERIEN	Nichts tun	Ihre Stiefmutter davon überzeugen, dass Sie wissen, was Ihr Vater gewollt hätte	Ihrer Stiefmutter sagen, was passieren wird, wenn man Ihren Vater an lebenserhaltende medizinische Geräte anschließt
Muss Ihrer Stiefmutter das Gefühl geben, die richtige Entscheidung zu treffen	Nein	Vermutlich	Vermutlich
Muss die Gefühle Ihrer Stiefmutter berücksichtigen	Ja	Ja, wenn Sie einfühlsam vorgehen	Ja, wenn Sie einfühlsam vorgehen
Muss Ihnen und Ihrem Bruder das Gefühl geben, dass Sie alles tun, um sicherzustellen, dass dem Willen Ihres Vaters entsprochen wird	Nein	Ja	Ja

Angesichts des erbitterten Widerstands Ihrer Stiefmutter wäre es am besten, wenn Sie sie durch eine Kombination aus logischen Argumenten, mit denen Sie Ihr beweisen, dass Sie die Einstellung Ihres Vaters zu diesem Thema kennen, und Informationen über lebensverlängernde Maßnahmen zu überzeugen versuchen.

4. Analyse unter Berücksichtigung von »Murphys Gesetz«

Es könnte sein, dass Ihre Stiefmutter sich weigert, Ihnen zuzuhören, wenn Sie mit ihr über den Willen Ihres Vaters oder lebensverlängernde Maßnahmen sprechen möchten. Falls Sie völlig unzugänglich ist, wird Ihnen und Ihrem Bruder nichts anderes übrig bleiben, als zu versuchen, den behandelnden Arzt davon zu überzeugen, dass Sie – und nicht Ihre Stiefmutter – wissen, was Ihr Vater gewollt hätte.

Das Recht zu sterben

Jeder Mensch hat das Recht, selbst zu bestimmen, auf welche Weise er kurz vor seinem Tod behandelt werden möchte und ob lebenserhaltende beziehungsweise lebensverlängernde Maßnahmen eingesetzt werden sollen. Er kann dazu eine so genannte Patientenverfügung (auch »Patiententestament«) formulieren und einen Betreuer bevollmächtigen, der im Ernstfall dafür sorgt, dass die in der Patientenverfügung aufgeführten Wünsche von den behandelnden Ärzte respektiert werden.

Leider werden Patientenverfügungen nicht immer respektiert, was vor allem daran liegt, dass (selbst beim Ausfüllen von Formularen) formale Fehler gemacht werden, unter anderem:

- Die Patientenverfügung enthält keine genauen Behandlungswünsche.
- Sie wurde nicht von einem Zeugen unterschrieben.
- In der Patientenverfügung fehlt der Hinweis darauf, dass der Verfasser sich ausgiebig mit dem Thema beschäftigt hat und sich bewusst ist, was dieses Dokument für ihn persönlich bedeutet.
- Sie ist mehrere Jahre alt und wurde in der Zwischenzeit nicht mit Datum und Unterschrift aktualisiert.

Informationen zu Patientenverfügungen erhalten Sie bei einer ganzen Reihe von Organisationen und Einrichtungen, beispielsweise von Ärztekammern, der Deutschen Hospiz-Stiftung in Dortmund, der Deutschen Gesellschaft für Humanes Sterben in Augsburg oder dem Deutschen Roten Kreuz. Wenn Sie sich genauer informieren wollen, sollten Sie sich an einen auf Seniorenrecht spezialisierten Rechtsanwalt wenden.

Falls Sie Zugang zum Internet haben, können Sie die Begriffe »Patientenverfügung«, »Patiententestament« und »Betreuungsverfügung« in Ihre Suchmaschine eingeben. Sie erhalten dann zahlreiche weiterführende Links.

Und selbst wenn Ihre Stiefmutter bereit ist, Ihnen zuzuhören, ist das noch keine Garantie dafür, dass Sie sie mit Ihren Argumenten auch überzeugen können. Wenn das der Fall ist, sollten Sie sie fragen, was sie überzeugen *würde,* und versuchen, die erforderlichen Nachweise zu beschaffen.

Sie könnten auch anhand der Reaktionen Ihrer Stiefmutter versuchen herauszufinden, wodurch sie sich überzeugen ließe, und Ihr Vorgehen dann entsprechend ändern. Ein Beispiel: Wenn Sie eher für Geschichten aus dem Leben Ihres Vaters zugänglich ist, die ihn als eine Person schildern, die lebensverlängernden Maßnahmen ablehnend gegenübersteht, und auf logische Argumente gar nicht reagiert, sollten Sie ihr möglichst viele solcher Geschichten erzählen.

5. Setzen Sie Ihren Plan um.

Wenn eine Diskussion über ein emotional derart beladenes Thema Erfolg haben soll, müssen Sie dabei vier entscheidende Faktoren berücksichtigen: Zeit und Ort des Gesprächs, welchen Ton Sie dabei anschlagen, wie einfühlsam Sie sich verhalten und die von Ihnen vorgebrachten Argumente.

Versuchen Sie, so schnell wie möglich einen Ort zu finden, an dem Sie, Ihr Bruder und Ihre Stiefmutter sich in Ruhe unterhalten können. Das von Hektik geprägte Krankenhaus mit seinen ungewohnten Geräuschen und Gerüchen ist für ein solches Gespräch meist nicht geeignet. Falls möglich, sollte es in einem ruhigen, neutralen Umfeld und in privatem Rahmen stattfinden.

Bleiben Sie während des Gesprächs ruhig und besonnen. Obwohl Sie Ihre Stiefmutter dazu bringen wollen, die Dinge so zu sehen wie Sie und Ihr Bruder, sollten Sie die Diskussion offen angehen und versuchen, sich auf das bestmögliche Vorgehen zu einigen. Sorgen Sie dafür, dass aus dem Gespräch keine hitzige Debatte oder gar ein Streit wird. Es hilft, wenn Sie die einzelnen Punkte einen nach dem anderen ansprechen und möglichst objektive Informationen dazu geben. »Wir sind hier, um darüber zu entscheiden, was Vater wollen würde, wenn er es uns noch sagen könnte«, wäre beispielsweise als Einleitung denkbar. »Wir wissen es zwar nicht mit absoluter Sicherheit, aber wir können versuchen, das, was er früher einmal zu diesem Thema gesagt hat, als Grundlage für eine Entscheidung zu nehmen.«

Bei allem, was Sie während dieses Gesprächs sagen, sollten Sie sich bemühen, auf die Gefühle Ihrer Stiefmutter Rücksicht zu nehmen, und auch berücksichtigen, dass sie befürchtet, Sie und Ihr Bruder wollten ihr das Recht, eine Entscheidung zu treffen, absprechen. Machen Sie von vornherein klar, dass es Ihnen allen dreien nur darum geht, im Interesse Ihres Vaters zu handeln, und dass es wichtiger ist, dafür zu sorgen, dass er so behandelt wird, wie er selbst es gewollt hätte, als darüber zu streiten, wer mehr Rechte hat, Sie und Ihr Bruder als biologische Kinder oder Ihre Stiefmutter als seine Frau.

Hören Sie Ihrer Stiefmutter zu, wenn Sie etwas sagt. Versuchen Sie herauszufinden, warum sie darauf besteht, Ihren Vater an Lebenserhaltende medizinische Geräte anschließen zu lassen. Je mehr Sie über ihre Beweggründe wissen, desto eher können Sie darauf reagieren. Wenn Sie beispielsweise wissen, dass der Gedanke, Ihren Vater sterben zu lassen, Ihrer Stiefmutter große Angst einjagt, sollten Sie ihr Gelegenheit geben, über diese Angst zu sprechen.

Wenn Sie das nicht tun, wird Ihre Stiefmutter das Problem nicht rational angehen können. Ist sie dann in der Lage, objektiver über die Situation zu sprechen, sollten Sie Argumente vorbringen, die zeigen, dass Sie Ihre Gefühle respektieren. Sie könnten zum Beispiel sagen: »Ich weiß, dass es für dich ein ganz furchtbarer Gedanke ist, Vater sterben zu lassen. Keiner von uns will ihn verlieren. Aber wenn die Alternative darin besteht, Kanülen und Schläuche in seinen Körper zu stecken, ihn jeder Würde zu berauben und ihm Schmerzen zuzufügen, die nicht sein müssen, ist es doch gar nicht so schwer, eine Entscheidung zu treffen.«

6. Überprüfen Sie, ob Ihr Plan funktioniert

Ihr Plan war erfolgreich, wenn Ihre Stiefmutter sich Ihrer und der Meinung Ihres Bruders anschließt und den Arzt Ihres Vaters bittet, keine lebensverlängernden Maßnahmen zu ergreifen.

Problem 15
Meine Mutter lässt sich von einem Arzt behandeln, den ich für einen Scharlatan halte

Situation

Ihre Mutter ist 77 Jahre alt. Als man bei ihr vor einem Jahr einen bösartigen, langsam wachsenden Tumor festgestellt hat, wurde ihr von dem behandelnden Onkologen eine Chemotherapie und eine Strahlenbehandlung empfohlen. Ihre Mutter war damit allerdings nicht einverstanden.»Ich kenne zu viele Leute, die so etwas durchgemacht haben«, sagte sie,»und die Behandlung war schlimmer als die Krankheit selbst. Nicht mit mir!« Stattdessen fing sie an, Gesundheitsmagazine zu lesen. Sehr bald schon interessierte sie sich vor allem für »Krebskuren«, die auf Nahrungsergänzungsmitteln und anderen Behandlungen basieren, deren Wirksamkeit nicht wissenschaftlich bewiesen ist.

Auf Empfehlung eines Bekannten, der Eigentümer eines Naturkostladens ist, hat Ihre Mutter einen Arzt konsultiert, der alternative Behandlungsmethoden propagiert und ihr Hoffnung auf Heilung gemacht hat. Dieser Arzt, den Sie für einen Quacksalber halten, behandelt Ihre Mutter jetzt seit einem Jahr. Er verschreibt ihr hohe Dosen Vitamine und Mineralien und legt ihr an der Stelle, an der der Tumor sitzt, Magnete auf die Haut. Ihre Mutter hat inzwischen mehr als zehntausend Euro für die Behandlung ausgegeben, deren Kosten von der Krankenkasse nicht übernommen werden.

Kurze Zeit, nachdem Sie erfahren haben, wie die alternativen Behandlungsmethoden dieses Arztes aussehen, haben Sie mit dem Internisten und dem Onkologen Ihrer Mutter gesprochen und den beiden Ärzten gesagt, dass Sie sich große Sorgen machen. Beide waren entsetzt über die Methoden, mit denen ihr Kollege behandelt. Sie haben versucht, mit Ihrer Mutter zu reden, und ihr vorgeschlagen, sich von einem zweiten Arzt untersuchen zu lassen. Sie glaubt aber fest daran, dass ihr neuer Arzt sie heilen kann. Außerdem hat sie gesagt, er sei »ein sehr netter Mann« und sie wolle ihn nicht kränken. Jetzt, ein Jahr später, können Sie immer noch keine Fortschritte bei der Behandlung erkennen. Wenn überhaupt eine Veränderung eingetreten ist, dann zum Schlechteren.

So analysieren Sie das Problem

1. Sind sich alle darüber einig, dass ein Problem vorliegt?

Ihre Mutter scheint mit der Behandlung ihres Arztes zufrieden zu sein. Sie, ihr Internist und ihr Onkologe dagegen sind der Meinung, dass die Behandlung nichts nützt und die Lage sehr ernst ist.

2. Wie dringend ist das Problem wirklich?

Dieses Problem ist dringend. Falls der Tumor Ihrer Mutter sich nicht von allein zurückbildet, könnte ihre Krankheit bereits in einem Stadium sein, in dem jede Hilfe zu spät kommt. Darüber hinaus gibt Ihre Mutter Unsummen für Behandlung und Nahrungsergänzungsmittel aus, die Ihrer Meinung nach nur den Arzt und den Besitzer des Naturkostladens reich machen.

3. Was steckt hinter dem problematischen Verhalten Ihrer Mutter?

Angst spielt sicher eine Rolle. Wenn Krebs diagnostiziert wird, ist das für jeden ein Schock, und die Aussicht, mit Bestrahlungen und Chemotherapie behandelt zu werden, ist genauso furchtbar. Es ist also kein Wunder, dass Ihre Mutter nach alternativen Behandlungsmethoden sucht, die ihr neue Hoffnung geben.

Nachdem Ihre Mutter mit der neuen Behandlung begonnen hat – unabhängig davon, ob sie etwas nützt oder nicht –, ist es ihr

189

vielleicht peinlich zuzugeben, dass sie sich geirrt hat. Je länger sie die Behandlung fortsetzt, desto kategorischer wird sie sich vermutlich weigern, sie abzubrechen.

Dass sie ihren Arzt nicht kränken oder beleidigen will, ist sicher auch ein Grund dafür, warum sie nichts tut, um etwas an der Situation zu ändern.

4. In welche emotionale Falle sind Sie getappt?

Sie machen sich große Sorgen um die Gesundheit und das Wohlergehen Ihrer Mutter. Vermutlich sind Sie auch wütend auf sie, weil sie sich so einfach zu der Behandlung überreden ließ, und ärgern sich darüber, dass der behandelnde Arzt und der Besitzer des Naturkostladens Ihre Mutter wahrscheinlich ausbeuten. Wenn Sie diese Gefühle nicht in Zaum halten können, werden Ihre Versuche, dieses Problem zu lösen und Ihre Mutter dazu zu bringen, ihre Entscheidung noch einmal zu überdenken, sehr wahrscheinlich in sinnlosen Anschuldigungen und Vorwürfen enden.

5. Wer muss an der Problemlösung beteiligt werden?

Da nur Ihre Mutter entscheiden kann, wie sie sich behandeln lässt, sollten auch nur Sie und Ihre Mutter an der Lösung dieses Problems beteiligt werden.

6. Welches Ziel haben Sie?

Sie möchten wissen, ob die Behandlung Ihrer Mutter etwas bringt oder nicht. Falls sie nutzlos ist, möchten Sie, dass Ihre Mutter mit einer Therapie beginnt, deren Wirksamkeit wissenschaftlich belegt ist.

So lösen Sie das Problem

1. Lösungskriterien

Die Lösung muss dafür sorgen, dass Sie herausfinden können, ob die Behandlung Ihrer Mutter erfolgreich ist oder nicht. Falls ja, gibt es keinen Grund, Ihrer Mutter eine andere Therapie aufzudrängen. Falls nein, werden sie logisch argumentieren können und sollten Ihrer Mutter raten, zu einem anderen Arzt zu gehen. Außerdem muss die Lösung es Ihrer Mutter ermöglichen, ihre Meinung zu ändern, ohne sich dabei dumm vorzukommen und ohne ihren Arzt zu kränken. Und schließlich muss die Lösung Ihrer Mutter die Angst vor konventionellen Krebstherapien zumindest so weit nehmen, dass sie eine solche Therapie in Erwägung ziehen kann.

2. Überlegen Sie sich mehrere mögliche Lösungen

Eine Lösung könnte darin bestehen, Ihre Mutter zu überreden, einige Tests machen zu lassen, die einen Vergleich des aktuellen Tumorstatus mit dem Status von vor einem Jahr ermöglichen. Sie versprechen Ihrer Mutter, dass Sie sie in Ruhe lassen und sie die begonnene Behandlung fortsetzen kann, wenn sich ihr Zustand gebessert hat. Sie wiederum verspricht Ihnen, dass sie die Behandlung bei ihrem Arzt abbrechen und eine konventionelle Behandlung mit Bestrahlung und Chemotherapie beginnen wird, wenn die Ergebnisse keine Besserung zeigen.

Möglich wäre auch, dass Ihre Mutter sich diesen Tests unterzieht, ohne dass Sie von ihr eine entsprechende Reaktion verlangen. Diese Lösung ist zwar nicht so effektiv wie die erste, sie dürfte aber weniger bedrohlich auf Ihre Mutter wirken und Ihnen zumindest Gewissheit darüber verschaffen, ob die aktuelle Behandlung überhaupt etwas bringt.

Als dritte Möglichkeit könnten Sie Ihre Mutter mit einer Selbsthilfegruppe von Krebspatienten in Kontakt bringen, in der Hoffnung, dass der Kontakt zu Menschen, die eine Strahlen- und

Chemotherapie bereits hinter sich haben, ihre Angst vor einer solchen Behandlung lindern wird.

3. Analyse der verschiedenen Lösungsmöglichkeiten

Ziel: Wie können Sie dafür sorgen, dass sich Ihre Mutter richtig behandeln lässt?

KRITERIEN	MÖGLICHE LÖSUNGEN			
	Nichts tun	Ihre Mutter überzeugen, sich einigen Tests zu unterziehen – und falls die aktuelle Behandlung nichtsbringt – zu versprechen, mit einer konventionellen Behandlung zu beginnen	Ihre Mutter überzeugen, sich einigen Tests zu unterziehen, um den Tumorstatus von jetzt und von vor einem Jahr zu vergleichen	Ihre Mutter überzeugen, sich einer Selbsthilfegruppe für Krebspatienten anzuschließen
Muss zeigen, ob die aktuelle Behandlung Ihrer Mutter etwas nützt	Nein	Ja	Ja	Nein
Muss es Ihrer Mutter ermöglichen, ihre Meinung zu ändern, ohne das Gesicht zu verlieren oder ihren Arzt zu kränken	Ja	Ja, wenn auch der behandelnde Arzt Ihrer Mutter gebeten wird, sich die Ergebnisse anzusehen	Ja, wenn auch der behandelnde Arzt Ihrer Mutter gebeten wird, sich die Ergebnisse anzusehen	Ja
Muss die Angst Ihrer Mutter vor einer konventionellen Behandlung lindern, damit sie eine Therapie dieser Art in Erwägung ziehen kann	Nein	Vermutlich	Vermutlich	Vermutlich

192

Die beste Lösung wäre, wenn Sie Ihre Mutter überzeugen könnten, mit einer konventionellen Behandlung zu beginnen, falls die Ergebnisse der Tests darauf hinweisen, dass keine Besserung eingetreten ist.

4. Analyse unter Berücksichtigung von »Murphys Gesetz«

Ihre Mutter wird sich vielleicht weigern, Ihrem Vorschlag zuzustimmen, weil sie Angst davor hat, dass die Ergebnisse negativ sein könnten und sie den Kontakt zu einem Arzt abbrechen muss, an den sie sich gewöhnt hat. In diesem Fall sollten Sie auf die zweite Lösung zurückgreifen: Versuchen Sie, Ihre Mutter zu den Tests zu überreden, ohne sie zu irgendetwas zu verpflichten. Diese Lösung ist zwar nicht ganz so gut wie die erste, aber Sie werden damit wenigstens in Erfahrung bringen, wie es Ihrer Mutter geht, und ihr vielleicht auch einen guten Grund für eine andere Behandlung geben können, wenn sie dazu bereit ist.

Selbst wenn Ihre Mutter zunächst damit einverstanden ist, bei negativen Testergebnissen mit einer Strahlen- und Chemotherapie zu beginnen, könnte es sein, dass sie ihre Meinung ändert und darauf besteht, bei ihrem behandelnden Arzt zu bleiben und die zweifelhafte Therapie fortzusetzen. Wenn sich herausstellt, dass sie sich vor allem aus Angst vor dem Unbekannten gegen eine konventionelle Therapie wehrt, könnten Sie ihr zum Beispiel Informationsmaterial über die vorgeschlagene Behandlung besorgen, ein Gespräch mit Mitarbeitern und Technikern des Krankenhauses, in dem die Therapie stattfinden soll, vereinbaren oder ihre Mutter mit einer Selbsthilfegruppe für Krebspatienten in Kontakt bringen.

5. Setzen Sie Ihren Plan um

Bevor Sie mit Ihrer Mutter sprechen, sollten Sie herausfinden, welche Tests erforderlich sind. Sie können ihre Angst vielleicht etwas lindern, wenn Sie ihr von vornherein erklären, was sie erwartet. Sagen Sie ihr, warum Sie sich solche Sorgen machen, also zum

Beispiel: »Mutter, ich habe bis jetzt nichts zu deiner Krebsbehandlung bei Dr. XY gesagt, weil ich weiß, dass du ihn sehr schätzt. Aber sie dauert jetzt schon ein Jahr, und dir scheint es nicht besser zu gehen. Es würde mich beruhigen, wenn ich wüsste, was dein Tumor macht. Und wenn er sich ausbreitet, möchte ich, dass du über eine konventionelle Therapie nachdenkst.« Dann können Sie sagen, welche Tests Ihre Mutter erwarten, und versuchen, ihr Einverständnis dafür zu bekommen.

Wenn Sie befürchtet, dadurch ihren behandelnden Arzt zu kränken, können Sie vorschlagen, dass er sich die Testergebnisse ebenfalls ansieht. Versichern Sie Ihrer Mutter, dass er, wenn er wirklich an den Erfolg seiner Methode glaubt, sicher nichts dagegen haben wird, wenn Ihre Mutter diese Tests macht. Und selbst wenn sich Ihre Mutter zunächst weigert, bei negativen Testergebnissen mit einer konventionellen Behandlung zu beginnen, wird sie vielleicht einlenken, wenn die Ergebnisse da sind.

6. Überprüfen Sie, ob Ihr Plan funktioniert

Wenn Ihre Mutter bereit ist, die Tests machen zu lassen, haben Sie die erste Hürde genommen. Wie Sie weiter vorgehen, hängt von den Testergebnissen ab. Wenn die alternative Behandlung erfolgreich zu sein scheint und Ihre Mutter damit weitermachen möchte, müssen Sie das respektieren und Ihr Versprechen halten. Wenn die Behandlung keine Wirkung gezeigt hat und Ihre Mutter mit einer konventionellen Therapie einverstanden ist, haben Sie Ihr Ziel erreicht.

Problem 16
Das Verhalten meines Vaters in der Öffentlichkeit bringt mich in Verlegenheit

Situation

Ihr Vater ist schon immer ein taktloser, starrsinniger Mensch gewesen und überlegt nie lange, bevor er sagt, was er denkt. Als Kind war Ihnen noch nicht bewusst, dass er ständig Bemerkungen machte, die andere verletzten oder unangebracht waren. Aber als Sie älter wurden, fielen Ihnen die Blicke auf, die sich andere zuwarfen, wenn Ihr Vater wieder einmal eine seiner peinlichen Bemerkungen machte. Ihre Mutter bat ihn früher häufig, leiser zu sprechen, aber er brüllte sie immer nur an und sagte, dass ein Mann ja wohl das Recht auf eine eigene Meinung habe.

Im Laufe der Jahre ist Ihr Vater etwas schwerhörig geworden, aber sein Verstand ist noch so scharf wie eh und je. Seine Bemerkungen sind nach wie vor taktlos und peinlich, aber er spricht inzwischen noch um einiges lauter als früher. Er sagt das, was ihm in den Sinn kommt, und redet hemmungslos und lautstark über Dinge wie sein Prostataproblem oder Angewohnheiten Ihrer Mutter, die ihn aufregen. Ihre Mutter zieht dann nur die Augenbrauen hoch und starrt ins Leere. Sie hat es schon lange aufgegeben, ihn zu einem gemäßigteren Gesprächston bewegen zu wollen, und sich resigniert damit abgefunden, dass ihr Bekanntenkreis immer kleiner wird. Obwohl Sie in der Nähe Ihrer Eltern wohnen und sie häufig besuchen, würden Sie es am liebsten vermeiden, sich mit Ihrem Vater in der Öffentlichkeit sehen zu lassen.

So analysieren Sie das Problem

1. Sind sich alle darüber einig, dass ein Problem vorliegt?

Bis auf Ihren Vater sind sich alle darüber einig, dass ein Problem vorliegt. Sein Benehmen ist nicht nur taktlos und peinlich, sondern führt auch zur sozialen Isolation Ihrer Eltern. Ihre Mutter ist verzweifelt und einsam. Sie wollen sich mit Ihrem Vater nicht mehr in der Öffentlichkeit sehen lassen, aber auch nicht Ihre Mutter bestrafen, indem Sie nicht mehr mit Ihren Eltern ausgehen.

2. Wie dringend ist das Problem wirklich?

Ihr Vater benimmt sich schon seit vielen Jahren so. Wenn man dies berücksichtigt, ist die Situation nicht dringend. Aber da sich sein Gehör weiter verschlechtert, ist es sehr wahrscheinlich, dass sein Benehmen noch unannehmbarer wird. Und die zunehmende soziale Isolation Ihrer Mutter könnte Depressionen Vorschub leisten. Daher wäre es besser, wenn Sie so schnell wie möglich einen guten Plan entwickeln würden.

3. Was steckt hinter dem problematischen Verhalten Ihres Vaters?

An diesem Punkt im Leben Ihres Vaters sind ihm seine persönlichen »Angewohnheiten« so in Fleisch und Blut übergegangen, dass sie sich nur schwer wieder ändern lassen. Seine Schwerhörigkeit hat alles noch schlimmer gemacht. Anscheinend ist Ihr Vater sich gar nicht bewusst, dass seine Stimme so weit trägt und sämtliche anderen Anwesenden hören können, was er sagt. Außerdem fordert es ihn nur heraus, wenn jemand anderer Meinung ist als er. Je energischer Sie ihn also zum Schweigen bringen wollen, desto lauter und ausfallender wird er.

4. In welche emotionale Falle sind Sie getappt?

Da Kinder – selbst wenn sie erwachsen sind – über Ihre Eltern definiert werden, ist es keine große Überraschung, dass Ihnen das laute, unverschämte Benehmen Ihres Vaters peinlich ist. Wenn er nicht Ihr Vater wäre, würden Sie wohl toleranter sein und vielleicht sogar über ihn schmunzeln. Aber da er nun mal Ihr Vater ist, würden Sie am liebsten im Erdboden versinken, wenn Sie sehen, wie die Leute bei seinen taktlosen Bemerkungen zusammenzucken. Außerdem machen Sie sich Sorgen wegen Ihrer Mutter und haben Angst, dass sie vor lauter Einsamkeit noch Depressionen bekommt.

5. Wer muss an der Problemlösung beteiligt werden?

An der Lösung dieses Problems müssen drei Leute beteiligt werden: Ihr Vater, Ihre Mutter und Sie. Da das Benehmen Ihres Vaters für ihn selbst kein Problem darstellt und Ihre Mutter es schon vor langer Zeit aufgegeben hat, ihn ändern zu wollen, liegt es an Ihnen, eine Möglichkeit zu finden, um das Benehmen Ihres Vaters zu ändern.

6. Welches Ziel haben Sie?

Sie hoffen, dass Sie Ihren Vater dazu bringen können, in Zukunft in der Öffentlichkeit nicht mehr so laut zu sprechen wie bisher. Sie wissen, dass Sie seinen Charakter nicht ändern können, aber vielleicht gelingt es Ihnen und Ihrer Mutter, einen gewissen Einfluss auf sein Benehmen auszuüben. Ihr Ziel besteht darin, mit Ihren Eltern ausgehen zu können, ohne sich dabei zu wünschen, woanders zu sein.

So lösen Sie das Problem

1. Lösungskriterien

Ihre Lösung muss Ihren und den Wunsch Ihrer Mutter erfüllen, sich mit Ihrem Vater in der Öffentlichkeit zeigen zu können, ohne jedes Mal, wenn er den Mund aufmacht, zusammenzuzucken. Genauer gesagt, Sie wollen, dass er leiser spricht und nicht mehr so viele taktlose Bemerkungen macht.

2. Überlegen Sie sich mehrere mögliche Lösungen

Aufgrund seiner Schwerhörigkeit redet Ihr Vater lauter, als eigentlich notwendig wäre. In dieser Hinsicht können Sie einiges tun.
1. Sie können Ihren Vater jedes Mal, wenn er zu laut wird, darauf hinweisen und ihn bitten, leiser zu sprechen.
2. Sie können vorschlagen, dass Ihr Vater sich ein Hörgerät anpassen lässt, damit er weiß, wenn er wieder einmal zu laut wird. Das macht seine Bemerkungen zwar nicht weniger peinlich, könnte aber zumindest deren Folgen etwas abmildern.
3. Da Sie wissen, dass es vermutlich sinnlos ist, Ihren Vater um etwas mehr Beherrschung zu bitten, könnten Sie es mit einer neuen Strategie versuchen. *Vermeiden* Sie es, mit ihm zu streiten, und geben Sie ihm stattdessen – wann immer es geht – Recht. Wenn Sie mit Ihrem Vater einer Meinung sind oder ihm lediglich zunicken, wird ihm das vielleicht den Wind aus den Segeln nehmen. Angenommen, Sie haben Ihre Eltern zum Essen in ein gutes Restaurant eingeladen. Alles geht gut, bis Ihr Vater sein Brötchen schmieren will, und feststellt, dass die Butter zu kalt und deshalb zu hart ist. Er lässt sich lautstark darüber aus, wie sehr er kalte Butter hasst und wie dumm die Kellner sein müssen, um ihm so etwas hinzustellen. Widerstehen Sie der Versuchung zu sagen: »Vater, bitte sprich leiser. Du brauchst doch deshalb keinen Aufstand zu machen.« Ihr Vater würde sich darüber nur ärgern und vermutlich noch wütender werden. Stattdessen sollten Sie ihm zustimmen und vorschlagen, dass Sie den Kellner

bitten, die Butter in der Mikrowelle aufzuwärmen. Was kann Ihr Vater darauf antworten? Vielleicht überrascht er Sie sogar und sagt, dass es egal ist. Es kann schwierig sein, die Gefühle Ihres Vaters zu bestätigen, wenn Ihnen diese irrational und unlogisch vorkommen, vor allem, wenn Sie deshalb wütend werden oder in Verlegenheit geraten; aber manchmal ist eine bloße Bestätigung eben die beste Lösung. Wenn Ihr Vater also das nächste Mal zu einer seiner Tiraden anhebt – egal, ob es dabei um kalte Butter oder den Preis einer Kinokarte geht –, sollten Sie ihm zustimmen. Vielleicht haben Sie Glück und anschließend erst einmal Ruhe.

4. Eine letzte, wenn auch etwas drastische Lösung könnte darin bestehen, Ihre Eltern nur noch zu Hause zu besuchen. Dadurch ersparen Sie es sich, in der Öffentlichkeit blamiert zu werden, halten aber trotzdem den Kontakt zu ihnen aufrecht. Sie wollen Ihre Mutter nicht für das Benehmen Ihres Vaters bestrafen, daher würde es Ihnen diese Lösung zumindest ermöglichen, Ihre Mutter weiterhin zu besuchen. Sie können Ihren Eltern sagen, dass Sie sofort gehen werden, wenn Ihr Vater ausfallend oder unverschämt wird.

3. Analyse der verschiedenen Lösungsmöglichkeiten

Ziel: Wie können Sie mit Ihren Eltern ausgehen, ohne ständig von Ihrem Vater blamiert zu werden?

Am besten wäre es, wenn Sie es mit einer kombinierten Lösung – Hörgeräte für Ihren Vater und Bestätigung seiner Gefühle – versuchen würden. Die zuletzt genannte Möglichkeit, Ihre Eltern nur noch zu Hause zu besuchen, ändert nichts am Benehmen Ihres Vaters in der Öffentlichkeit und erfüllt auch die Bedürfnisse Ihrer Mutter nicht. Aber so wäre es Ihnen zumindest möglich, Ihre Eltern zu sehen, ohne in der Öffentlichkeit blamiert zu werden.

	MÖGLICHE LÖSUNGEN			
KRITERIEN	Nichts tun	Ihrem Vater Hörgeräte besorgen	Gefühle Ihres Vaters bestätigen	Kontakt zu Ihren Eltern auf Besuche bei ihnen zu Hause beschränken
Muss dafür sorgen, dass Ihr Vater in der Öffentlichkeit leiser spricht	Nein	Vermutlich	Nein	Nein
Muss dafür sorgen, dass er weniger taktlose und ausfallende Bemerkungen macht	Nein	Unwahrscheinlich	Vermutlich	Vermutlich
Muss es Ihnen und Ihrer Mutter ermöglichen, mit Ihrem Vater auszugehen, ohne ständig blamiert zu werden	Nein	Vermutlich	Vermutlich	Nein

4. Analyse unter Berücksichtigung von »Murphys Gesetz«

Ihr Vater weigert sich vielleicht, Hörgeräte anzuschaffen, und selbst wenn er sich welche kauft, könnte es sein, dass er sie nicht tragen will. (Siehe Problem 13 ab Seite 171) Sie sollten mit diesem Problem rechnen und mit dem HNO-Arzt sprechen, bevor Sie Ihren Vater zu seinem Termin begleiten. Ein erfahrener HNO-Arzt ist mit Schwierigkeiten dieser Art vertraut und kann Ihren Vater vielleicht dazu überreden, die Hörgeräte ständig zu tragen.

Der zweite Teil Ihrer Lösung – die Gefühle Ihres Vaters zu bestätigen – ist leichter gesagt als getan. Wenn Sie zu wütend oder zu verlegen sind, werden Sie nur das Falsche sagen. Um den notwendigen Abstand zu Ihren Gefühlen zu bekommen, sollten Sie versuchen, die Situation als Spiel zu sehen, bei dem Sie allem, was Ihr

Vater sagt, zustimmen *müssen*. Dies ist zwar ein etwas weit herge-
holter Trick, aber er könnte genau das sein, was Sie brauchen, um
diesen Prozess am Laufen zu halten – vorausgesetzt, Sie verhalten
sich weder herablassend noch selbstgefällig.

Wenn Sie sich dafür entscheiden, Ihre Eltern nur noch zu Hause
zu besuchen, ist Ihr Vater vielleicht wütend auf Sie. Sagen Sie ihm,
dass Sie dies nur tun, weil Ihnen keine andere Wahl mehr bleibt,
und dass Sie wieder mit ihm und Ihrer Mutter ausgehen werden,
wenn er verspricht, sich in der Öffentlichkeit etwas mehr zu be-
herrschen. Falls ihm etwas an Ihrer Gesellschaft und dem Wohlergehen Ihrer Mutter liegt, könnte das für ihn der Anlass sein, den er
braucht, um auf seine Wortwahl zu achten.

Sie sollten auch Ihre Mutter im Auge behalten und ihr bei Bedarf anbieten, einen Termin bei einem guten Therapeuten für sie
zu vereinbaren. Dabei sollten Sie berücksichtigen, dass sie schon
lange mit Ihrem Vater zusammenlebt und Veränderungen daher
unter Umständen ablehnend gegenübersteht.

5. Setzen Sie Ihren Plan um

Bevor Sie versuchen, Ihren Vater zu Hörgeräten zu überreden, sollten Sie sich gründlich informieren und eventuell seinen Hausarzt
um Hilfe bitten, vor allem, wenn Ihr Vater sich gut mit ihm versteht. Rufen Sie den HNO-Arzt vor dem Termin mit Ihrem Vater
an und fragen Sie ihn, wie Sie Ihren Vater auf die Untersuchung
vorbereiten und etwaige Ängste zerstreuen können. Wenn Ihr Vater
mit Hörgeräten einverstanden ist, sollten Sie Termine für einen
Hörtest und das Anpassen der Hörgeräte vereinbaren.

Informieren Sie Ihre Mutter über Ihre Strategie, die Gefühle Ihres Vaters zu bestätigen, und erklären Sie ihr auch, warum so etwas
funktionieren könnte. Bitten Sie sie, Ihnen dabei zu helfen. Wenn
Sie eine Verbündete haben, wird es Ihnen leichter fallen, Ihren Plan
auszuführen.

6. Überprüfen Sie, ob Ihr Plan funktioniert

Sie werden sehr schnell feststellen, ob Ihre Lösungen funktionieren. Wenn Sie das Benehmen Ihres Vaters nur so weit ändern können, dass Sie, wenn Sie mit Ihren Eltern ausgehen, nicht mehr so oft im Erdboden versinken möchten, und Ihre Mutter wieder häufiger unter die Leute kommt, sind Sie auf dem richtigen Weg und werden Ihr Ziel bald erreicht haben. Und vielleicht verbessert sich dadurch auch das Verhältnis zu Ihren Eltern.

Problem 17
Meine Mutter ist etwas unsicher auf den Beinen, steigt aber immer noch auf Stühle, um an den Inhalt ihrer Schränke zu kommen

Situation

Über die Körpergröße Ihrer Mutter werden in Ihrer Familie viele liebevolle Scherze gemacht. Mit ihren ein Meter fünfzig ist sie bei weitem die Kleinste von allen. Als junge Frau hat sie die fehlenden Zentimeter oft dadurch ausgeglichen, dass Sie auf Stühle kletterte, anstatt andere zu bitten, ihr etwas aus dem Schrank zu holen – vor allem in der Küche.

Inzwischen ist Ihre Mutter schon recht alt – fast neunzig –, aber trotzdem noch sehr unabhängig. In der Regel kommt sie gut allein zurecht. Aber in ihrem Eifer, auch weiter so unabhängig zu sein wie bisher, klettert sie immer noch auf Stühle, wenn Sie etwas aus dem Schrank holen muss. Sie machen sich deswegen Sorgen, weil Ihre Mutter nicht mehr so sicher auf den Beinen ist wie früher und eine Verletzung in dieser Phase Ihres Lebens schwerwiegende Folgen haben könnte. Darüber hinaus lebt sie allein, und Sie haben Angst, dass ihr niemand helfen würde, wenn doch einmal etwas passiert.

Sie haben mit Ihrer Mutter über Ihre Bedenken gesprochen, aber sie macht sich über Sie lustig und versichert Ihnen, dass ihr gar nichts passieren kann – schließlich klettere sie ja schon jahrelang auf Stühle. Aber Sie haben Angst, dass sie doch einmal stürzt, nicht nur wegen der Folgen für Ihre Mutter, sondern auch wegen der Konsequenzen, die dies für Sie selbst haben würde. Trotz der Beteuerungen Ihrer Mutter leben Sie in ständiger Angst um sie.

So analysieren Sie das Problem

1. Sind sich alle darüber einig, dass ein Problem vorliegt?

Ihre Mutter leugnet nicht nur, dass es ein Problem gibt, sondern sie würde auch noch wütend werden, wenn Sie versuchten, sie in irgendeiner Weise einzuschränken und ihr vorzuschreiben, was sie tun und lassen soll. Lediglich Sie selbst sind der Meinung, dass ein ernstes Problem vorliegt. Sie machen sich Sorgen wegen des Verhaltens Ihrer Mutter.

2. Wie dringend ist das Problem wirklich?

Bis jetzt ist Ihre Mutter noch nicht gestürzt. Aber sie fordert einen Unfall geradezu heraus, da sie nicht damit aufhören will, auf Stühle zu klettern. Um Ihrer Mutter und Ihretwillen können Sie ein solches Verhalten nicht mehr länger ignorieren. Je schneller Sie dieses Problem angehen und lösen, desto besser für Sie beide.

3. Was steckt hinter dem problematischen Verhalten Ihrer Mutter?

Für Ihre Mutter sind Unabhängigkeit und Selbständigkeit sehr wichtig. Wenn sie damit aufhört, auf Stühle zu steigen, kann sie ihren Haushalt nicht mehr allein führen und muss um Hilfe bitten. Und wenn sie das, was sie ihr ganzes Leben lang getan hat, nicht mehr tut, ist sie gezwungen, ihre Grenzen anzuerkennen. Daher ist es keine Überraschung, dass sie so vehement darauf besteht, auch weiterhin auf Stühle zu klettern.

4. In welche emotionale Falle sind Sie getappt?

Sie befürchten natürlich zu Recht, dass Ihre Mutter irgendwann einmal stürzt und sich verletzt. In ihrem Alter kann eine gebrochene Hüfte zu einer ständigen Behinderung werden, was für Ihre Mutter eine Tragödie wäre und sie außerdem von Ihnen abhängig machen würde. Darüber hinaus haben Sie Angst, dass man Ihnen Vorwürfe macht, wenn doch einmal etwas passiert. Sie können sich schon lebhaft vorstellen, was die Leute sagen werden: »Warum um alles in der Welt hat sie zugelassen, dass ihre neunzigjährige Mutter auf einen Stuhl klettert?«

5. Wer muss an der Problemlösung beteiligt werden?

An der Lösung dieses Problem müssen Sie und Ihre Mutter beteiligt werden.

6. Welches Ziel haben Sie?

Sie möchten, dass Ihre Mutter aufhört, auf Stühle zu klettern. Ist dies nicht möglich, würden Sie ihre »Kletterei« gern sicherer machen und eine Möglichkeit finden, damit sie bei einem Unfall Hilfe holen kann.

So lösen Sie das Problem

1. Lösungskriterien

Ihre Lösung muss die Risiken, denen sich Ihre Mutter bei ihrer Kletterei aussetzt, auf ein Mindestmaß reduzieren. Darüber hinaus wollen Sie ihre Unabhängigkeit nicht gefährden, da davon auch ihr Selbstwertgefühl abhängt. Und schließlich wollen Sie, dass Ihre Mutter bei einem Notfall Hilfe rufen kann.

2. Überlegen Sie sich mehrere mögliche Lösungen

Sie können Ihre Mutter nicht daran hindern, auf Stühle zu steigen, wenn sie das tun will. Eine Möglichkeit wäre deshalb, dafür zu sor-

205

gen, dass Ihre Mutter das nicht mehr so oft tun muss, indem Sie ihr anbieten, die Küchenschränke so umzuräumen, dass sie alles, was sie braucht, leichter erreichen kann. Bei Bedarf könnten Sie auch für mehr Stauraum sorgen, beispielsweise durch den Kauf einer Vitrine oder eines Sideboards.

Wenn die Küche Ihrer Mutter so eingerichtet ist, dass es sich nicht vermeiden lässt, auf Stühle zu steigen, um an bestimmte Sachen heranzukommen, können Sie zumindest für einen sicheren, stabilen Klapptritt mit Haltegriffen sorgen, auf dem sie nicht so leicht das Gleichgewicht verlieren wird. (Siehe *Klapptritte und andere Steighilfen* auf Seite 209)

Außerdem können Sie einen Vertrag für ein Notrufsystem abschließen, mit dem Ihre Mutter Hilfe holen kann, wenn Sie stürzt und es nicht bis zum Telefon schafft. (Siehe *Notrufsysteme für Senioren* auf den Seiten 209/210)

3. Analyse der verschiedenen Lösungsmöglichkeiten

Ziel: Wie können Sie die Risiken minimieren, denen sich Ihre Mutter aussetzt, wenn sie auf Stühle klettert?

Die sicherste Lösung wäre es, wenn Sie die Küche Ihrer Mutter so umräumen könnten, dass sie nicht mehr auf Stühle steigen muss.

4. Analyse unter Berücksichtigung von »Murphys Gesetz«

Es könnte sein, dass Ihre Mutter etwas dagegen hat, wenn Sie ihre Küche umräumen wollen, und behauptet, sie komme bestens zurecht. Sie wird vermutlich eher einverstanden sein, wenn Sie ihr ein Mitspracherecht bei den geplanten Änderungen einräumen und sie eine zusätzliche Vitrine oder andere Aufbewahrungsmöbel selbst aussuchen kann. Wenn sie dann immer noch unzufrieden ist, können Sie ihr sagen, dass sie es zunächst einmal mit der neuen Anordnung versuchen soll und Sie alles wieder zurückräumen

KRITERIEN	MÖGLICHE LÖSUNGEN			
	Nichts tun	Ihrer Mutter anbieten, die Küche so umzuräumen, dass sie alles erreichen kann, ohne auf Stühle zu klettern	Ihrer Mutter einen Klapptritt mit Haltegriffen kaufen	Ihrer Mutter anbieten, ihr ein Notrufsystem für Senioren zu besorgen
Muss die Risiken bei der Kletterei Ihrer Mutter minimieren	Nein	Ja	Ja	Ja, das System nützt allerdings nur etwas, wenn der Unfall schon passiert ist
Muss Ihrer Mutter helfen, unabhängig zu bleiben	Ja, aber nicht für immer	Ja	Ja	Ja
Muss es dafür sorgen, dass Ihre Mutter bei einem Sturz Hilfe holen kann	Nicht zutreffend	Nicht zutreffend	Nicht	Ja

werden, wenn es ihr nach einer gewissen Zeit immer noch nicht gefällt.

Wenn Ihre Mutter darauf besteht, dass ihre Küche so bleibt, wie sie ist, oder bestimmte Dinge wieder an den Platz räumt, wo sie waren, bevor Sie umgeräumt haben, wird Ihnen nichts anderes übrig bleiben, als ihr einen Klapptritt mit Griffen und ein Notrufsystem zu kaufen. Sie wissen zwar nicht, ob Ihre Mutter den Klapptritt auch benutzt oder das Notrufsystem ständig bei sich trägt, aber schon die Tatsache, dass Sie so etwas für sie kaufen, wird Ihrer Mutter deutlich machen, dass es gefährlich ist, wenn sie in ihrem Alter immer noch auf Stühle steigt.

5. Setzen Sie Ihren Plan um

Da Ihre Mutter kein Problem darin sieht, auf Stühle zu klettern, und Ihnen versichert, dass ihr dabei nichts passieren kann, müssen Sie sie zunächst davon überzeugen, dass Ihre Angst berechtigt ist. Sprechen Sie mit ihr darüber, welche Folgen ein Sturz in ihrem Alter haben könnte. Erinnern Sie sie daran, dass niemand – auch wenn er noch so umsichtig und vorsichtig ist – vor einem solchen Unfall gefeit ist.

Sie könnten unter anderem folgende Strategien anwenden, um Ihre Mutter dazu zu bringen, Ihrem Plan zuzustimmen:

- Bitten Sie Ihre Mutter, die geplanten Änderungen zu akzeptieren, damit Sie ruhig schlafen können.
- Machen Sie Ihrer Mutter klar, dass sie, wenn sie Ihrem Plan zustimmt, all das, was sie jetzt macht, auch in Zukunft machen kann – nur mit weniger Risiko.
- Erklären Sie Ihrer Mutter ganz genau, welche Änderungen Sie in ihrem Haushalt planen. Das kann weniger Aufwand sein, als Ihre Mutter befürchtet.

Wenn Sie Ihre Mutter überzeugt haben und sie damit einverstanden ist, es mit Ihrem Plan zu versuchen, sollten Sie mit ihr darüber sprechen, wie sie die Küche am liebsten hätte. Fragen Sie sie, welche Geräte oder Gegenstände sie am häufigsten benutzt und für welche Sachen sie auf den Stuhl steigen muss. Beobachten Sie sie eine Weile bei der Küchenarbeit, und bitten Sie sie um Vorschläge, wie man die Küche noch praktischer machen könnte. Wenn Sie wissen, welche Änderungen notwendig sind (wenn Sie und Ihre Mutter beispielsweise entschieden haben, dass die großen Essteller in einen anderen Schrank geräumt werden sollen), dann diskutieren Sie die verschiedenen Möglichkeiten, die sich nun bieten. Genügt es, wenn Sie den Inhalt der Schränke so umräumen, dass alles in Griffweite Ihrer Mutter ist? Oder ist zusätzlicher Stauraum, etwa in Form einer Vitrine oder eines Sideboards, erforderlich? Falls ja, sollten Sie sich darüber informieren, welche Art von Schränken es gibt. Besorgen Sie sich Kataloge oder Möbelprospekte von Küchenherstellern und Einrichtungshäusern, und lassen Sie Ihre Mutter das aussuchen, was ihr am besten gefällt.

6. Überprüfen Sie, ob Ihr Plan funktioniert

Sie werden wissen, dass Ihr Plan funktioniert, wenn Ihre Mutter damit aufhört, auf Stühle zu klettern. Wenn Sie immer noch auf Stühle steigt, wird Ihnen nichts anderes übrig bleiben, als einen sicheren, stabilen Klapptritt für sie zu kaufen.

Klapptritte und andere Steighilfen

Falls Sie Zugang zum Internet haben, geben Sie einfach die Begriffe »Klapptritt« oder »Steighilfe« in die Suchmaschine ein. Sie erhalten dann zahlreiche Links zu Herstellern oder Testberichten, über die Sie sich informieren können. Einige Hersteller bieten auch Klapptritte mit Haltegriffen an. Sie können in Baumärkten, großen Supermärkten oder Haushaltwarengeschäften ebenfalls nach einer geeigneten Steighilfe suchen.

Besonders sichere Klapptritte mit einem oder zwei seitlich angebrachten Haltegriffen produziert beispielsweise der englische Hersteller Ronco Sales Organisation. Diese Steighilfen sind zwar teuer, aber immer noch billiger als die Folgekosten, die ein Sturz Ihrer Mutter haben könnte. Sie können sich diese Steighilfen, die es in vielen Farben und Formen gibt, unter www.ronco.uk ansehen. Beziehen Sie Ihre Mutter auch hier in den Entscheidungsprozess ein.

Notrufsysteme für Senioren

Systeme dieser Art bestehen aus einem Aktivierungsgerät, dem so genannten Funkfinger – in der Regel ein Anhänger oder ein Armband –, und einer Basiseinheit, die an das Telefon Ihrer Eltern angeschlossen wird. Bei den neueren Systemen ist die Basiseinheit für den Notruf in ein ganz normales Telefon mit Anrufbeantworter integriert. Wenn Ihre Mutter oder Ihr Vater stürzt oder ein anderer Notfall eintritt, kann sie oder er auf den Knopf am Anhänger oder auf dem Armband drücken. Dies löst einen Telefonanruf bei einem Notfalldienst an, der rund um die Uhr besetzt ist. Der Disponent wird sofort zurückrufen und feststellen, ob und welche Hilfe benötigt wird. Je nach Notfall wird er dann bei der Polizei, der Feuerwehr, einem Krankenhaus oder dem behandelnden Arzt anrufen und den nächsten Nachbarn oder Verwandten informieren. Wenn Ihre Mutter oder Ihr Vater – aus welchen Gründen auch immer – nicht mit dem Disponent sprechen kann, wird er sofort Hilfe schicken.

Notrufsysteme für Senioren werden in der Regel von privaten Anbietern vertrieben. Sie müssen eine einmalige Anschlussgebühr und zusätzlich eine Monatsgebühr für den Betrieb zahlen. Wenn Sie Zugang zum Internet haben und den Begriff »Notrufsystem« in die Suchmaschine eingeben, erhalten Sie zahlreiche Links zu Unternehmen beziehungsweise Organisationen, die solche Geräte anbieten. Abhängig vom Einkommen und dem Gesundheitszustand Ihrer Eltern übernimmt unter Umständen auch die Krankenkasse die Kosten für ein solches System.

Problem 18
Meine Mutter ist zu uns gezogen, aber es funktioniert einfach nicht

Situation

Als Ihr Vater vor zwei Jahren nach langer Krankheit starb, wollte Ihre Mutter in der Wohnung bleiben, in der die beiden lange Jahre gelebt hatten. Sie hatte viele Freunde in dem Hochhaus und war in der Pfarrgemeinde und im Seniorenzentrum des Stadtviertels sehr aktiv. Mit dem Tod Ihres Vaters schien sie ganz gut zurechtzukommen, schließlich hatte man damit rechnen müssen. Sie als ihr einziges Kind waren froh über die Entscheidung Ihrer Mutter und versuchten, sie nach Kräften zu unterstützen, indem sie eine Putzfrau organisierten, die einmal in der Woche kam, und Ihre Mutter mehrmals pro Monat zu sich nach Hause einluden.

Eine Weile ging alles gut. Aber nach einigen Monaten änderte sich die Situation. Zwei der besten Freundinnen Ihrer Mutter zogen nach Mallorca. Eine dritte Freundin wurde schwer krank, und ihre Familie ließ sie in ein Pflegeheim einweisen. Dann kamen viele neue Mieter in das Hochhaus, die meisten von ihnen jung und ziemlich laut. Zum ersten Mal sagte Ihre Mutter zu Ihnen, dass sie Ihren Vater mehr vermisse, als sie gedacht hätte, und nicht mehr in der Wohnung bleiben wolle.

Etwa zur gleichen Zeit fing sie an, nicht mehr zu Veranstaltungen des Seniorenzentrums zu gehen. Kurze Zeit später trat sie von ihrem Amt als Pfarrgemeinderätin zurück. Sie bekamen einen Anruf vom Pfarrer, der sagte, er könne Ihre Mutter nicht dazu überreden, ihren Entschluss noch einmal zu überdenken, und mache sich große Sorgen um sie. Sie mussten mitansehen, wie Ihre einst so aktive Mutter sich mehr und mehr zurückzog und

211

den Kontakt zu anderen abbrach. Nur wenn sie zu Besuch bei Ihnen und Ihrer Familie war, schien sie wieder ganz die Alte zu sein.

Nach ein paar Monaten, in denen Sie diese Entwicklung mitangesehen hatten, beschlossen Ihr Mann und Sie, Ihre Mutter zu fragen, ob sie zu Ihnen ziehen wolle. Sie sprachen zuerst mit Ihren Töchtern (14 und 18 Jahre alt). Die beiden haben ihre Großmutter sehr gern und waren ganz begeistert von der Idee. Als Sie und Ihre Familie Ihre Mutter fragten, zögerte sie zuerst, weil sie dachte, sie würde Ihnen zur Last fallen. Da alle energisch protestierten und sagten, dass sei nicht wahr, willigte sie schließlich ein.

Der Einzug Ihrer Mutter wurde von Ihnen sehr sorgfältig geplant. Ihre Töchter waren sofort bereit, sich ein Zimmer zu teilen, damit ihre Großmutter ein eigenes Zimmer haben konnte. Ihr Mann und Sie halfen Ihrer Mutter dabei, den größten Teil ihrer Möbel und ihres Haushalts zu verkaufen oder für wohltätige Zwecke zu spenden, bis auf ihr Schlafzimmer und einige persönliche Dinge, von denen sie sich nicht trennen wollte. Sie taten alles, um Ihrer Mutter den Umzug so einfach wie möglich zu machen und sie in Ihrer Wohnung willkommen zu heißen.

Das war vor sechs Monaten. Innerhalb weniger Wochen nach dem Einzug änderte sich das Verhalten Ihrer Mutter, und nach kurzer Zeit fing sie an, Ihre Familie zu terrorisieren. Sie tadelte Ihre Töchter, von deren jugendlichem Überschwang sie sich gestört fühlte. Sie fing an, Ihnen vorzuschreiben, wie Sie Ihren Haushalt führen sollten, und beleidigte Ihren Mann. Ihre Familie reagierte zunächst verständnisvoll, hatte aber bald keine Geduld mehr mit ihr. Ihre Kinder fingen an, frech zu Ihrer Mutter zu werden, und sagten zu Ihnen, die Oma solle wieder ausziehen. Ihr Mann verlor die Beherrschung und schrie Ihre Mutter an, sie solle endlich »die Klappe halten«. Später sagte er wütend zu Ihnen, er habe nicht gewusst, was für eine »blöde alte Hexe« Ihre Mutter sei.

Da *Sie* Ihre Mutter gebeten haben, zu Ihnen zu ziehen, wollen Sie ihr jetzt nicht sagen, dass sie wieder ausziehen soll. Aber so kann es nicht weitergehen.

212

So analysieren Sie das Problem

1. Sind sich alle darüber einig, dass ein Problem vorliegt?

Bis auf Ihre Mutter sind sich alle darüber einig, dass ein Problem existiert. Sie wissen nicht genau, warum Ihre Mutter sich so verhält. Bis jetzt hat sie nichts gesagt, aber ihr Verhalten lässt darauf schließen, dass auch sie Probleme hat.

2. Wie dringend ist das Problem wirklich?

Dieses Problem ist ernst. Allen geht es schlecht, und Ihr Mann und Ihre Kinder verlieren die Geduld. Wenn das Problem nicht bald gelöst wird, könnte es zum »großen Krach« kommen. Ihre schlimmsten Befürchtungen – wütende Auseinandersetzungen, Beleidigungen und Vorwürfe – könnten wahr werden. Sie müssen schnell handeln.

3. Was steckt hinter dem problematischen Verhalten Ihrer Mutter?

Aus Ihrer Mutter ist eine schlecht gelaunte, unangenehme und undankbare Frau geworden. Wenn sie schon vor ihrem Einzug bei Ihnen so gewesen wäre, hätten Sie sie nie gefragt, ob sie zu Ihnen und Ihrer Familie ziehen möchte. Ein solches Verhalten ist für Ihre Mutter völlig untypisch. Sie wissen zwar nicht genau, warum sie sich so verhält, aber Sie können trotzdem einige fundierte Vermutungen anstellen.

Es könnte sein, dass Ihre Mutter ein ganz konkretes Problem hat, über das sie nicht mit Ihnen reden möchte. Vielleicht gefällt ihr ihr Zimmer nicht, aber sie will sich nicht darüber beklagen, weil es ihr kleinlich vorkommen würde. Oder es tut ihr vielleicht Leid, dass sie Möbel oder andere Gegenstände verkauft oder weggegeben hat, die ihr mehr bedeutet haben, als ihr bewusst war.

Möglich wäre auch, dass sie an Depressionen leidet. Schließlich ging es Ihrer Mutter nicht gerade gut, als Sie bei Ihnen einzog.

Sie verhielt sich auch damals schon sonderbar und tat Dinge, die völlig untypisch für sie waren; beispielsweise brach sie den Kontakt zu ihrer Seniorengruppe ab und gab ihr Amt als Pfarrgemeinderätin auf. Neben dem Tod Ihres Vaters musste sie noch eine Reihe anderer Verluste hinnehmen, zum Beispiel durch den Weggang von Freunden. Vermutlich vermisst sie Ihren Vater nach dem Auszug aus der Wohnung, in der sie lange Jahre mit ihm wohnte, nur noch mehr. Für sie bedeutete der Einzug in Ihre Wohnung das Ende eines Lebensabschnittes und der Beginn eines neuen.

Und schließlich könnte das sonderbare Verhalten Ihrer Mutter auf eine beginnende Demenz hinweisen. Verhaltensänderungen sind bei Menschen, die mit einer Verschlechterung ihrer geistigen Fähigkeiten zu kämpfen haben, nicht ungewöhnlich. Darüber hinaus können an Demenz leidende Menschen ihre Ausfälle während gelegentlicher Besuche kontrollieren und wirken dann ganz gesund. Vielleicht ist Ihnen bis jetzt nur nicht aufgefallen, dass mit Ihrer Mutter etwas nicht stimmt.

4. In welche emotionale Falle sind Sie getappt?

Was das Verhalten Ihrer Mutter angeht, so haben Sie wahrscheinlich sehr gemischte Gefühle. Einerseits sind Sie vermutlich wütend, und es ist Ihnen eigentlich egal, warum sich Ihre Mutter so verhält. Sie und Ihre Familie haben sich viel Mühe gegeben, damit Ihre Mutter sich bei Ihnen wohl fühlt. Sie haben mehr getan, als viele Familien zu tun bereit sind. Eingebracht hat Ihnen das Probleme und eine unverschämte, egoistische alte Frau.

Andererseits sind Sie wahrscheinlich sehr beunruhigt wegen dieser Veränderungen, die Sie weder vorausgesehen haben noch verstehen. Sie fragen sich, was hinter dem Verhalten Ihrer Mutter steckt. Darüber hinaus haben Sie vermutlich auch noch ein schlechtes Gewissen, weil es *Ihre* Mutter ist, von der Ihre Familie so schikaniert wrid. Obwohl alle Familienmitglieder mit ihrem Einzug einverstanden waren, glauben Sie, dass Sie für die Probleme, die Ihre Mutter verursacht, verantwortlich sind.

214

5. Wer muss an der Problemlösung beteiligt werden?

Sie, Ihre Mutter und Ihr Mann *müssen* an der Lösung dieses Problems beteiligt werden. Ihre Kinder *sollten* beteiligt werden, da sie von Ihren Entscheidungen ebenfalls betroffen sind. Falls Sie dies nicht möchten, sollten Sie sie zumindest darüber informieren, welche Schritte Sie unternehmen werden, um die Situation zu verbessern.

6. Welches Ziel haben Sie?

Sie wollen herausfinden, was hinter dem Verhalten Ihrer Mutter steckt, damit Sie ihr helfen können, ihr für die Familie inakzeptables Verhalten zu ändern, und sie weiterhin bei Ihnen wohnen kann.

So lösen Sie das Problem

1. Lösungskriterien

Ihre Lösung muss dafür sorgen, dass Sie und Ihre Familie so leben können, wie Sie wollen, ohne dabei von Ihrer Mutter schikaniert zu werden. Sie muss Ihnen das Gefühl geben, alles getan zu haben, um herauszufinden, warum sich Ihre Mutter so merkwürdig verhält. Und schließlich muss Ihre Lösung dafür sorgen, dass Sie der Ursache für das Verhalten Ihrer Mutter wirksam begegnen können.

2. Überlegen Sie sich mehrere mögliche Lösungen

Sie müssen herausfinden, warum Ihre Mutter sich so merkwürdig verhält. Am einfachsten wäre es, mit ihr zu sprechen und sie ganz direkt zu fragen, was sie bedrückt. Wenn sie den Grund für ihr Verhalten kennt, reicht es vielleicht schon, dass Sie ihr Gelegenheit geben, mit Ihnen darüber zu sprechen.

215

Wenn Ihre Mutter nicht weiß, warum sie sich so verhält, könnten Sie bei Ihrem Hausarzt einen Termin vereinbaren, um festzustellen, ob es medizinische Gründe für ihr Problem gibt.

Wenn ein auf den ersten Blick unlösbares Problem innerhalb der Familie der Grund für das Verhalten Ihrer Mutter ist, sollten Sie, Ihre Mutter und Ihre Familie unter Umständen die Hilfe eines auf Senioren spezialisierten Therapeuten in Anspruch nehmen.

Und wenn Ihre Mutter zwar in der Lage, aber nicht bereit ist, das zu tun, was notwendig wäre, um wieder in Frieden mit Ihrer Familie leben zu können, werden Sie ihr wohl oder übel dabei helfen müssen, eine eigene Wohnung zu suchen.

3. Analyse der verschiedenen Lösungsmöglichkeiten

Ziel: Wie können Sie Ihre Mutter dazu bringen, dass sie aufhört, Ihre Familie zu schikanieren?

Am besten wäre es, wenn Sie mit Ihrer Mutter sprechen und herausfinden, was sie bedrückt.

4. Analyse unter Berücksichtigung von »Murphys Gesetz«

Selbst wenn Ihre Mutter weiß, warum sie sich so verhält, und auch bereit ist, darüber zu sprechen, sind Sie vielleicht nicht in der Lage, etwas dagegen zu tun. Wenn es Ihrer Mutter beispielsweise Leid tut, dass sie Möbel oder andere persönliche Dinge verkauft hat, die ihr doch mehr bedeuten, als sie dachte, oder es bedauert, ihre Wohnung aufgegeben zu haben, dann können Sie recht wenig dagegen unternehmen. Aber vielleicht hilft es Ihrer Mutter ja schon, darüber zu sprechen, um etwas getröstet zu werden und die Spannungen innerhalb der Familie, deren Ursache sie ist, zu beheben.

Wenn Ihre Mutter leugnet, dass sie etwas bedrückt, wenn sie nicht weiß, warum sie sich so verhält, oder wenn ein auf den ersten Blick unlösbares Problem zum Vorschein kommt, werden Sie auf zwei Ihrer anderen Lösungen zurückgreifen müssen, für die Sie die Hilfe von Dritten brauchen.

		MÖGLICHE LÖSUNGEN			
KRITERIEN	Nichts tun	Ihre Mutter fragen, was sie bedrückt	Beim Hausarzt Ihrer Mutter einen Untersuchungstermin vereinbaren	Auf Senioren spezialisierten Therapeuten hinzuziehen	Ihrer Mutter helfen, eine eigene Wohnung zu suchen
Muss dafür sorgen, dass Sie und Ihre Familie so leben können, wie Sie wollen, ohne dabei von Ihrer Mutter schikaniert zu werden	Nein	Ja, wenn Sie wissen, warum sie sich so verhält	Vermutlich, abhängig von den Ergebnissen	Vermutlich	Vermutlich
Muss Ihnen das Gefühl geben, alles getan zu haben, um herauszufinden, warum sich Ihre Mutter so verhält	Nein	Ja	Ja	Ja	Nein, aber es ist unter Umständen die einzige Möglichkeit
Muss dafür sorgen, dass Sie der Ursache für das Verhalten Ihrer Mutter begegnen können	Nein	Ja, wenn Sie wissen, warum sie sich so verhält	Vermutlich	Vermutlich	Nein, aber es ist unter Umständen die einzige Möglichkeit

Sie könnten beim Hausarzt Ihrer Mutter einen Termin für eine Untersuchung vereinbaren, um festzustellen, ob es eine medizinische Ursache für ihr unausstehliches Verhalten gibt. Ein erfahrener Arzt kann feststellen, ob sie an Depressionen oder einer anderen behandelbaren Störung leidet. Wenn das Problem nicht situationsbedingt ist, sondern eine medizinische Ursache hat, können Sie es unter Umständen nicht sofort oder – im Falle von Demenz – überhaupt nicht lösen. Allerdings lassen sich die Symptome durch eine entsprechende Medikamentation wahrscheinlich etwas lindern. Mit Hilfe Dritter werden Sie und Ihre Familie sich vermutlich an die neue Situation gewöhnen.

217

Ist die Ursache für das Verhalten Ihrer Mutter ein Problem, das mit Ihrem Familienleben zu tun hat, kann ein Gespräch mit einem erfahrenen Familientherapeuten eventuell für Klärung sorgen. Wenn die ganze Familie bei dem Gespräch mit dem Familientherapeuten dabei ist, wird Ihre Mutter vielleicht eher bereit sein mitzukommen, als wenn die Situation als »ihr« Problem hingestellt wird.

Wenn Ihre Mutter zwar in der Lage, aber nicht bereit ist, an der Lösung des Problems mitzuarbeiten, muss sie verstehen, dass sie nicht länger bei Ihnen wohnen kann. In diesem Fall müssen Sie ihr helfen, sich eine eigene Wohnung zu suchen.

5. Setzen Sie Ihren Plan um

Sie müssen Ihrer Mutter sagen, wie sehr Sie und Ihre Familie unter ihrem Verhalten leiden, und könnten dies vielleicht mit folgenden Worten tun: »Mutter, wir haben ein Problem. Die Kinder und Heiner sind sehr wütend auf dich, und ich bin es auch. Wir haben wirklich alles getan, damit du dich hier wohl fühlst, und uns auch sehr gefreut, als du zu uns gezogen bist. Aber seit du bei uns wohnst, benimmst du dich wie ein völlig anderer Mensch. Du bist gar nicht mehr du selbst. Wir machen uns große Sorgen, und wir müssen wissen, ob dich etwas bedrückt.« Sagen Sie ihr anhand von Beispielen, wie sie sich verhält und welche Folgen das für Sie und Ihre Familie hat. Machen Sie Ihrer Mutter klar, dass Ihnen viel daran liegt, den Grund für dieses Verhalten zu erfahren. Wenn alles gut läuft, wird Ihre Mutter mit Ihnen darüber sprechen, was sie auf dem Herzen hat. Sie brauchen dann nur noch zuzuhören und versuchen, die Dinge aus ihrer Sicht zu sehen. Wenn Ihre Mutter Zeit benötigt, um ihre Gedanken zu sammeln, sagen Sie ihr, dass Sie später noch einmal auf das Thema zurückkommen werden.

Wenn Ihre Mutter sagt, ihr Verhalten habe etwas damit zu tun, wie sie von Ihnen und Ihrer Familie behandelt werde – vielleicht ist sie ja der Meinung, dass Ihre Töchter rücksichtslos und unhöflich sind –, sollten Sie ein Familientreffen einberufen und mit der ganzen Familie über die Sache sprechen. Als Vorbereitung auf das Familientreffen sollten Sie Ihre Mutter bitten, alles aufzuzählen, worüber sie sich geärgert hat. Sie und Ihre Familie sollten das Gleiche tun. Reden Sie bei einem oder, falls erforderlich, mehreren Familientreffen über die identifizierten Probleme und versuchen Sie, diese zu lösen. Bereits die Teilnahme an diesen Familientreffen kann Ihrer Mutter das Gefühl geben, zur Familie zu gehören. (Weitere Informationen finden Sie unter *Familientreffen* auf den Seiten 86–87.)

Wenn Ihre Familie bei solchen Treffen zu streiten anfängt und Sie sich nicht in der Lage sehen, für eine effektiven Verlauf zu sorgen, sollten Sie sich überlegen, ob Sie nicht vielleicht einen auf Senioren spezialisierten Therapeuten hinzuziehen, um das Problem zu lösen.

Noch einmal: Wenn Ihre Mutter nicht weiß, was sie bedrückt oder warum sie sich so verhält, müssen Sie sich an einen Spezialisten wenden.

6. Überprüfen Sie, ob Ihr Plan funktioniert

Zu glauben, dass sich das Verhalten Ihrer Mutter über Nacht ändern wird, wäre unrealistisch, selbst dann, wenn sie und alle anderen wissen, welche Ursachen es hat. Aber wenn Ihre Mutter anfängt, sich seltener zu beschweren, wenn die Spannungen innerhalb der Familie nachlassen und wenn sich Ihre Familie weniger über Ihre Mutter beklagt, werden Sie wissen, dass Ihr Plan erfolgreich war.

Problem 19
Meine Schwester bestiehlt unsere Mutter

Situation

Vor mehr als einem Jahr hatte Ihre 87-jährige Mutter einen Schlaganfall, und seitdem ist sie ans Bett gefesselt. Sie verlässt es nur noch, um ins Badezimmer zu gehen oder an einem kleinen Tisch in ihrem Zimmer die Mahlzeiten einzunehmen. Ihre ältere Schwester Brigitte verbringt fast vierzig Stunden in der Woche mit der Pflege Ihrer Mutter. Außerdem beaufsichtigt sie eine Pflegekraft, die an vier Tagen pro Woche jeweils einige Stunden ins Haus kommt.

Sie wohnen zwei Stunden von Ihrer Mutter entfernt und haben zwei kleine Kinder, daher können Sie einfach nicht so oft bei Ihrer Mutter sein wie Brigitte. Ihre Hilfe beschränkt sich auf einen oder zwei Besuche im Monat, bei denen Sie einkaufen und den Haushalt in Ordnung bringen.

Sie und Ihre Schwester verstehen sich gut, und bis vor kurzem schien auch alles in Ordnung zu sein. Vor zwei Monaten, als Sie und Brigitte sich über die Kosten von Pflegeheimen unterhielten, geschah jedoch etwas sehr Merkwürdiges. Sie wissen beide, dass Ihnen langfristig gesehen nichts anderes übrig bleiben wird, als Ihre Mutter in ein Pflegeheim zu bringen und dort von Fachkräften pflegen zu lassen. Da Ihre Mutter nicht viel Geld hat, unterhielten Sie sich bei diesem Gespräch darüber, wie Sie an das nötige Geld dafür kommen könnten. Sie schlugen vor, einige Dinge Ihrer Mutter, die sie jetzt nicht mehr braucht, wie Besteck, Schmuck, Bilder und Möbel zu verkaufen, und boten auch gleich an, die Sachen zu einem Händler zu bringen. Zu Ihrer großen Überraschung war Brigitte von der Idee gar nicht begeistert. Sie war mit keinem der von Ihnen vorgeschlagenen Termine einver-

220

standen und wollte auch keine Liste mit Sachen anfertigen, deren Verkauf sich lohnen würde. Zuerst dachten Sie noch, Ihre Schwester wäre traurig, weil die Sachen Ihrer Mutter verkauft werden sollten. Aber als sie weiter protestierte, fragten sie sich erneut, warum sie so heftig reagierte.

Als Sie vor ein paar Wochen wieder einmal Ihre Mutter besuchten, musste Brigitte für eine Stunde weg. Ohne genau zu wissen, warum Sie das taten, fingen Sie an, die Sachen Ihrer Mutter durchzusehen. Zu Ihrem Entsetzen mussten Sie feststellen, dass Sie einige Sachen, die, wie Sie wussten, einen gewissen Wert besaßen, nicht finden konnten. Eine antike Vase, die sonst immer auf einem Tisch in der Diele gestanden hatte, war verschwunden. Eine goldene Halskette, die Ihre Mutter in ihrem Schmuckkasten aufbewahrte, war weg. Und im Esszimmer hing nicht mehr das kleine Stillleben aus dem 19. Jahrhundert, das Ihr Vater vor vielen Jahren in Paris gekauft hatte. Als erster Gedanke schoss Ihnen durch den Kopf, dass Brigitte schon wissen würde, wo die Sachen waren. Aber als Ihre Schwester zurückkam und Sie sie fragten, antwortete sie ausweichend.

Sie hatten zwar ein schlechtes Gewissen, weil Sie Ihre Schwester verdächtigten, suchten dann bei Ihren nächsten Besuchen trotzdem nach anderen Sachen. Dabei stellten Sie fest, dass fast alle Wertsachen Ihrer Mutter – kleinere Sachen, die man leicht abtransportieren konnte – verschwunden waren. Als Sie eine Quittung von einem Antiquitätengeschäft über den Verkauf eines der fehlenden Möbelstücke fanden, hatten Sie den Beweis. Ihre Mutter wurde von ihrer eigenen Tochter bestohlen. Seitdem haben Sie nicht mehr mit Ihrer Schwester gesprochen.

So analysieren Sie das Problem

1. Sind sich alle darüber einig, dass ein Problem vorliegt?

Sie wissen, dass Ihre Mutter von Ihrer Schwester bestohlen wird, aber Sie haben noch mit niemandem darüber gesprochen. Deshalb sind Sie die Einzige, die weiß, dass es ein Problem gibt, und müssen es daher auch allein lösen.

221

2. Wie dringend ist das Problem wirklich?

Dieses Problem ist an sich nicht so dringend, da Ihre Mutter die verschwundenen Gegenstände ja nicht braucht. Aber es ist trotzdem Eile geboten, da Ihre Mutter das Geld, das durch den Verkauf der verschwundenen Gegenstände hereingekommen wäre, benötigt, um den Aufenthalt in einem Pflegeheim bezahlen zu können.

3. Was steckt hinter dem problematischen Verhalten Ihrer Schwester?

Als Pflegerin Ihrer Mutter ist Brigitte vielleicht der Meinung, dass sie ein Recht darauf hat, deren Wertsachen zu verkaufen. In ihren Augen könnte das eine Bezahlung für die viele Arbeit sein, die bei der Pflege Ihrer Mutter anfällt. Obwohl Ihre Schwester bis jetzt nichts dergleichen gesagt hat, könnte es auch sein, dass Sie Ihnen insgeheim Vorwürfe macht, weil Sie weitaus weniger für Ihre Mutter tun als sie, und auf diese Weise eine Art Ausgleich schaffen will.

4. In welche emotionale Falle sind Sie getappt?

Es ist verständlich, dass Sie zögern, Ihre Schwester mit Ihrer Entdeckung zu konfrontieren. Ihr zu sagen, dass sie eine Diebin ist, brächte Sie beide in eine peinliche Situation. Außerdem würden Sie dann zugeben müssen, dass Sie ihr nicht vertraut und hinter ihrem Rücken Nachforschungen angestellt haben. Aber egal, wie wütend Brigitte wird oder wie sehr sie sich bemüht, ihre Tat zu rechtfertigen, Diebstahl bleibt Diebstahl – eine niederträchtige Tat und ein Schlag ins Gesicht für Sie und Ihre Mutter. Außerdem haben die Diebstähle ganz konkrete Folgen. Da Ihre Mutter nicht viel Geld hat, könnte es durchaus sein, dass sie durch die Diebstähle in eine finanzielle Notlage gerät. Und auch für Sie haben die Diebstähle Konsequenzen, da vermutlich Sie einspringen müssen, wenn Ihre Mutter Geld braucht.

5. Wer muss an der Problemlösung beteiligt werden?

Sie müssen Ihre Schwester mit Ihrer Entdeckung konfrontieren und mit ihr darüber reden, was jetzt geschehen soll. Da Ihre Mutter bettlägerig ist und von den Diebstählen nichts weiß, besteht kein Grund, sie in die Sache hineinzuziehen. Obwohl wir in der Regel empfehlen, dass die Eltern bei jedem Gespräch, das sie betrifft, dabei sein sollten, machen wir in diesem Fall eine Ausnahme. Wenn Sie Ihre Mutter informieren, hat das wenig Sinn, aber unter Umständen schwerwiegende Folgen.

6. Welches Ziel haben Sie?

Ihr Ziel besteht darin, den Diebstählen Ihrer Schwester ein Ende zu setzen und dafür zu sorgen, dass Ihre Mutter entschädigt wird.

So lösen Sie das Problem

1. Lösungskriterien

Ihre Lösung muss dafür sorgen, dass Ihre Mutter von Ihrer Schwester für die Diebstähle entschädigt wird, entweder in Form von Bargeld, das dem Wert der verschwundenen Sachen entspricht, oder dadurch, dass Brigitte alles wieder zurückbringt. Ihre Lösung muss außerdem dafür sorgen, dass Brigitte ihr Gesicht nicht verliert und eventuelle Ressentiments gegen Sie in Zukunft nicht durch Diebstähle, sondern auf konstruktivere Art kompensiert. Und schließlich muss sie dafür sorgen, dass die Angelegenheit alle Beteiligten so wenig wie möglich in Verlegenheit bringt und ihre Beziehungen zueinander nicht auf Dauer schädigt.

2. Überlegen Sie sich mehrere mögliche Lösungen

Eine Lösung könnte darin bestehen, ganz offen mit Ihrer Schwester zu sprechen, Sie mit den Diebstählen zu konfrontieren und einen Plan zur Entschädigung Ihrer Mutter auszuarbeiten.

Eine zweite Lösung könnte so aussehen, dass Sie alles tun, was auch die erste Lösung vorsieht, Ihrer Schwester darüber hinaus aber noch raten, therapeutische Hilfe in Anspruch zu nehmen, bevor sich die Situation weiter verschlimmert.

Eine dritte Lösung – wenn eine persönliche Konfrontation nicht möglich ist oder nichts nützen würde und es für Brigitte nicht in Frage kommt, eine Therapie zu machen – könnte sein, Ihrer Schwester mit einer Anzeige zu drohen.

3. Analyse der verschiedenen Lösungsmöglichkeiten

Ziel: Wie können Sie dafür sorgen, dass Ihre Schwester zu stehlen aufhört und Ihre Mutter entschädigt?
(Am besten wäre es, wenn Sie ganz offen mit Ihrer Schwester sprächen. Ob Sie ihr dann auch raten, therapeutische Hilfe zu suchen, wird davon abhängen, wie sie reagiert.)

4. Analyse unter Berücksichtigung von »Murphys Gesetz«

Wenn Ihre Schwester sich weigert, mit Ihnen über die Angelegenheit zu sprechen, oder selbst bei Vorlage von Beweisen nicht einsehen will, dass Sie etwas Unrechtes getan hat, kann die von Ihnen bevorzugte Lösung nicht funktionieren. Wenn sie Ihre Mutter weiterhin bestiehlt, müssen Sie Brigitte warnen und ihr sagen, dass Sie sie anzeigen werden. Die Drohung allein reicht vielleicht schon aus, um für einen Sinneswandel oder zumindest eine Änderung ihres Verhaltens zu sorgen.

KRITERIEN	MÖGLICHE LÖSUNGEN			
	Nichts tun	Offen mit Ihrer Schwester reden	Offen mit Ihrer Schwester reden und ihr raten, eine Therapie zu beginnen	Ihrer Schwester mit einer Anzeige drohen
Muss dafür sorgen, dass Ihre Mutter entschädigt wird	Nein	Ja, wenn Sie sich auf einen Plan zur Entschädigung Ihrer Mutter einigen	Ja, wenn Sie sich auf einen Plan zur Entschädigung Ihrer Mutter einigen	Ja, aber wenn Sie Ihre Schwester tatsächlich anzeigen, ist Ihre Beziehung zerstört
Muss dafür sorgen, dass Ihre Schwester nicht das Gesicht verliert	Ja	Ja, wenn Sie auf die Gefühle Ihrer Schwester Rücksicht nehmen	Ja, wenn Sie auf die Gefühle Ihrer Schwester Rücksicht nehmen	Nein
Muss dafür sorgen, dass Brigitte eventuelle Ressentiments auf konstruktivere Art kompensiert	Nein	Ja, wenn Sie über ihre Gefühle sprechen kann	Ja	Vermutlich, wenn Ihre Schwester die Hilfe bekommt, die sie braucht
Muss dafür sorgen, dass der Familie Peinlichkeiten erspart werden	Ja	Ja	Vermutlich	Nein

5. Setzen Sie Ihren Plan um

Ihre Aufgabe ist nicht gerade einfach, da Sie Ihre Schwester mit den Diebstählen konfrontieren müssen, ohne sie dabei wie eine gemeine Diebin aussehen zu lassen. Am besten konzentrieren Sie sich bei diesem Gespräch auf Ihre eigenen Gefühle und sagen Ihrer Schwester, wie verletzt Sie sind, und dass Sie wirklich gern verstehen würden, warum sie es getan hat. Sie könnten zum Beispiel sagen: »Brigitte, ich sage es ja nicht gern, aber ich weiß, dass du Mutters Sachen genommen hast. Das ist absolut nicht deine Art. Und daher würde ich gern wissen, was los ist.« Wenn Sie ihr die

225

Gelegenheit zum Reden geben, ohne ihr Vorwürfe zu machen, wird sie Ihnen vermutlich sagen, wie viel sie zu tun hatte und wie wütend sie auf Sie war, weil Sie ihr die Pflege Ihrer Mutter allein aufgebürdet haben. Gehen Sie davon aus, dass Ihre Schwester sich darüber aufregt, erwischt worden zu sein, selbst wenn sie die Diebstähle vor sich selbst gerechtfertigt hat.

6. Überprüfen Sie, ob Ihr Plan funktioniert

Kurzfristig gesehen wird das Problem gelöst sein, wenn Sie und Ihre Schwester sich unterhalten haben und Ihre Mutter entschädigt wurde. Einen langfristigen Erfolg werden Sie erkennen können, wenn Brigitte Ihre Mutter nicht mehr bestiehlt und Sie und Ihre Schwester in der Lage sind, wieder ein von Vertrauen geprägtes Verhältnis zueinander aufzubauen.

Problem 20
Der Nachbar meiner Mutter leiht sich Geld von ihr, zahlt es aber nicht zurück

Situation

Ihre 89-jährige Mutter lebt 45 Fahrtminuten von Ihnen entfernt in einem kleinen Haus. Obwohl sie schon recht gebrechlich ist, weigert sie sich, in ein Pflegeheim »abgeschoben zu werden«. Bei Reparaturen am Haus und der Gartenarbeit hilft ihr Herr Müller, ein Rentner aus der Nachbarschaft. Er mäht im Sommer den Rasen, räumt im Winter den Schnee weg und führt kleinere Reparaturen durch, die von tropfenden Wasserhähnen bis zum Auswechseln kaputter Glühbirnen reichen. Herr Müller leistet Ihrer Mutter auch gern bei einer Tasse Kaffee ein bisschen Gesellschaft, wenn er mit seiner Arbeit fertig ist. Sie ist dankbar dafür, dass es ihn gibt, und bezahlt ihn auch sehr gut.

Allerdings existiert ein Problem. Herr Müller hat finanzielle Schwierigkeiten und leiht sich von Ihrer Mutter häufig kleinere Beträge aus – ab und zu einen Zehner, manchmal auch einen Zwanziger. Als Ihre Mutter Ihnen davon erzählt, scheint sie etwas verärgert darüber zu sein, dass Herr Müller das Geld nicht zurückzahlt. Allerdings hat sie ihm auch nie gesagt, dass sie es von ihm erwartet. Inzwischen schuldet er ihr fast dreihundert Euro.

Jedes Mal, wenn Sie Ihre Mutter daran erinnern, das Geld von Herrn Müller zurückzuverlangen, wird sie wütend auf Sie. Ihr wäre es lieber, das Geld einfach abzuschreiben, als ihm eine Szene zu machen und deshalb seine Unterstützung zu verlieren, denn dann könnte sie nicht mehr in ihrem Haus wohnen bleiben.

So analysieren Sie das Problem

1. Sind sich alle darüber einig, dass ein Problem vorliegt?

Sie und Ihre Mutter wissen beide, dass es ein Problem gibt, aber Ihre Mutter ist der Meinung, dass man nichts dagegen unternehmen sollte, während Sie etwas tun wollen.

2. Wie dringend ist das Problem wirklich?

Die Situation ist zwar nicht dringend, aber sehr unerfreulich. Ihre Mutter wird von ihrem Nachbarn und von ihrer eigenen Denkweise quasi erpresst, da sie glaubt, sie könnte ohne seine Hilfe nicht mehr in ihrem Haus wohnen bleiben. Darüber hinaus wird sich das geliehene Geld im Laufe der Zeit zu einer erklecklichen Summe addieren. Daran muss sich möglichst schnell etwas ändern.

3. Was steckt hinter dem problematischen Verhalten Ihrer Mutter?

Ihre Mutter braucht Herrn Müller und möchte, dass er zufrieden ist, damit er ihr auch in Zukunft hilft. Wenn sie das dadurch erreichen kann, dass sie ihm kleinere Beträge leiht, sollte es Sie nicht weiter wundern, dass sie dazu auch bereit ist. Allerdings hat Ihre Mutter nie gesagt, dass es Geldgeschenke seien, und sie weiß, dass sie von Herrn Müller – entweder bewusst oder unbeabsichtigt – ausgenutzt wird. Aber sie hat Angst davor, dass er ihr eine Szene macht und nicht mehr kommt, wenn sie das Geld von ihm zurückfordert.

4. In welche emotionale Falle sind Sie getappt?

Sie sind wütend darüber, dass Herr Müller Ihre Mutter ausnutzt, egal, ob er das nun bewusst oder unbeabsichtigt tut. Der Ärger darüber, dass er das geliehene Geld nicht zurückzahlt, wird noch durch die

228

Tatsache verstärkt, dass Ihnen sozusagen die Hände gebunden sind. Sie können Ihre Mutter nicht *zwingen*, das Geld von ihm zu verlangen (sie hat gesagt, dass sie das nicht will.) Wenn Sie ohne das Einverständnis Ihrer Mutter mit Herrn Müller sprechen würden – ein durchaus verständliches Bedürfnis –, wäre dies ihr gegenüber respektlos und hätte zur Folge, dass ihre Beziehung darunter leidet.

5. Wer muss an der Problemlösung beteiligt werden?

Sie und Ihre Mutter sind die Einzigen, die sich mit diesem Problem beschäftigen sollten und entscheiden müssen, was zu tun ist.

6. Welches Ziel haben Sie?

Sie möchten, dass Herr Müller das geliehene Geld zurückzahlt. Außerdem wäre es Ihnen lieber, wenn er sich in Zukunft kein Geld mehr von Ihrer Mutter leiht.

So lösen Sie das Problem

1. Lösungskriterien

Ihre Lösung muss dafür sorgen, dass das gute Verhältnis zwischen Ihrer Mutter und Ihrem Nachbarn nicht getrübt wird. (Wenn er das Geld zurückzahlt, aber in Zukunft nicht mehr für Ihre Mutter arbeiten will, war Ihre Lösung also nicht erfolgreich.) Außerdem muss sie Ihnen das Gefühl geben, alles getan zu haben, um das Problem zu lösen und die Interessen Ihrer Mutter zu schützen.

2. Überlegen Sie sich mehrere mögliche Lösungen

Eine Möglichkeit könnte darin bestehen, Ihre Mutter um Erlaubnis zu bitten, mit Herrn Müller zu sprechen, um herauszufinden, warum er das geliehene Geld nicht zurückgezahlt hat, und ihn aufzufordern, das möglichst bald nachzuholen. Möglich wäre auch, Ihrer Mutter dabei zu helfen, nach einer unverfänglichen Entschuldigung dafür zu suchen, warum sie ihm in Zukunft kein Geld mehr leihen will. Sie könnte ihm zum Beispiel sagen, dass Sie ihr verboten hätten, Geld zu verleihen, oder dass sie gerade kein Bargeld im Haus habe, das sie ihm leihen könnte. Dadurch bekommt Ihre Mutter das bereits geliehene Geld zwar nicht zurück, aber Sie verhindern zumindest, dass sie ihm noch mehr Geld leiht.

3. Analyse der verschiedenen Lösungsmöglichkeiten

Ziel: Wie können Sie den Nachbarn Ihrer Mutter dazu bringen, das geliehene Geld zurückzugeben, und dafür sorgen, dass sie ihm kein Geld mehr leiht?

Wenn Sie das Problem vollständig lösen möchten, müssen Sie beide Strategien anwenden.

	MÖGLICHE LÖSUNGEN		
KRITERIEN	Nichts tun	Mit Erlaubnis Ihrer Mutter herausfinden, warum Herr Müller das Geld nicht zurückgegeben hat, und ihn auffordern, es zu tun	Ihrer Mutter helfen, eine Entschuldigung dafür zu finden, dass sie Herrn Müller kein Geld mehr leiht
Muss dafür sorgen, dass das gute Verhältnis zwischen Ihrer Mutter und Herrn Müller nicht getrübt wird	Nein	Ja, wenn Sie taktvoll vorgehen	Vermutlich
Muss Ihnen das Gefühl geben, alles getan zu haben, um die Interessen Ihrer Mutter zu schützen	Nein	Ja	Ja

4. Analyse unter Berücksichtigung von »Murphys Gesetz«

Da Ihre Mutter auf Herrn Müller angewiesen ist, wird Sie Ihnen vielleicht nicht erlauben, mit ihm über das geliehene Geld zu sprechen. In diesem Fall bleibt Ihnen nichts anderes übrig, als sämtliche Versuche aufzugeben, das Geld zurückzubekommen. Es ist noch keine allzu große Summe, und der Seelenfrieden Ihrer Mutter ist es wert. Aber Sie sollten Ihre Mutter bitten, ihm in Zukunft kein Geld mehr zu leihen.

Dies kann jedoch zu einem weiteren Problem führen. Angenommen, Sie und Ihre Mutter beschließen, dass sie Herrn Müller in Zukunft kein Geld mehr borgt und seine Bitten mit einer höflichen Entschuldigung ablehnt. Was passiert, falls sie sich dann dann doch wieder erweichen lässt, wenn er das nächste Mal fragt, und ihm Geld gibt? In diesem Fall könnten Sie anbieten, dass Sie mit Herrn Müller sprechen und ihn bitten werden, sich kein Geld mehr von Ihrer Mutter zu leihen. Welchen Grund Sie ihm dafür nennen, könnten Sie und Ihre Mutter gemeinsam entscheiden.

Wenn Ihre Mutter befürchtet, dass Herr Müller selbst dann gekränkt sein wird, wenn Sie nur vage Andeutungen machen, sollten Sie sie daran erinnern, dass sie nicht von Herrn Müller, sondern nur von seiner *Hilfe* abhängig ist. Unter Umständen ist es sinnvoll, Ihrer Mutter eine Liste mit Namen und Telefonnummern von Firmen oder Personen zu geben, die Reparaturen ausführen oder Gartenarbeiten erledigen. Wenn sie weiß, dass es Alternativen zu Herrn Müller gibt, wird sie es vielleicht riskieren, mit ihm zu sprechen.

5. Setzen Sie Ihren Plan um

Da Ihrer Mutter das Problem bewusst ist, müssen Sie vor allem dafür sorgen, dass sie selbst Lösungen vorschlägt, die sie dann auch auszuführen bereit ist, und sie motivieren, etwas zu unternehmen. Dazu könnten Sie Ihr vielleicht Folgendes sagen: »Mutter, ich weiß, dass du Herrn Müller magst und ihn brauchst, weil er die Reparaturen am Haus erledigt und die Gartenarbeit macht. Aber ich weiß auch, dass du dich über ihn ärgerst, weil er dir das geliehene Geld nicht zurückzahlt. Vielleicht finden wir ja einen Weg, um das Geld zurückzubekommen und dafür zu sorgen, dass er sich in Zukunft nichts mehr von dir leiht.« Wenn Sie Ihre Mutter am Prozess der Problemlösung beteiligen, wird sie vielleicht eher bereit sein, Alternativen in Erwägung zu ziehen.

Sie könnten anbieten, dass Sie selbst mit Herrn Müller sprechen, da Ihre Mutter dann nicht als ihr eigener Geldeintreiber fungieren muss. Außerdem ist es dann wahrscheinlicher, dass ihr Verhältnis zu Herrn Müller keinen Schaden nimmt. Um sie für diese Idee zu gewinnen, könnten Sie sagen: »Mutter, ich weiß, dass dir das Ganze ziemlich peinlich ist, und wahrscheinlich würdest du nur ungern mit Herrn Müller über das geliehene Geld reden. Du könntest es natürlich auch selbst machen, aber was hältst davon, wenn ich mit ihm spreche? Falls sich Herrn Müller aufregt, wird er sich über *mich* ärgern, nicht über dich. Wir können ja vorher festlegen, was ich zu ihm sagen soll. Und wenn alles vorbei ist, wird er es dir vermutlich nicht einmal übel nehmen.«

6. Überprüfen Sie, ob Ihr Plan funktioniert

Sie haben Ihr Ziel erreicht, wenn der Nachbar das Geld, das er sich von Ihrer Mutter geliehen hat, zurückzahlt und Ihre Mutter ihm kein Geld mehr leiht.

Sie sollten in Zukunft jedoch Folgendes bedenken: Obwohl der Nachbar ein ehrlicher Mensch zu sein scheint, könnte er es darauf angelegt haben, Ihre Mutter auszunutzen. Wenn das der Fall ist, könnte er, selbst wenn sie ihm kein Geld mehr leiht, versuchen, sie auf andere Art und Weise auszunutzen. Er könnte beispielsweise »vergessen«, ausgeliehene Gartengeräte zurückzubringen, oder Ihre Mutter überreden, ihm Wertsachen wie silberne Kerzenleuchter, die sie nicht mehr benutzt, zu geben. Sie und Ihre Mutter müssen darauf achten, ob Herr Müller solche Absichten hat, und bereit sein, entsprechend zu handeln. Falls ja, wird Ihnen und Ihrer Mutter nichts anderes übrig bleiben, als den Kontakt zu ihm abzubrechen und eine andere Lösung zu finden.

Notizen zu ihrer Situation

Problem:

_____

_____

So analysieren Sie das Problem

1. Sind sich alle darüber einig, dass ein Problem vorliegt?

_____

_____

2. Wie dringend ist das Problem wirklich?

_____

_____

3. Was steckt hinter dem problematischen Verhalten Ihrer Eltern?

_____

_____

4. In welche emotionale Falle sind Sie getappt?

_____

_____

5. Wer muss an der Problemlösung beteiligt werden?

_____

_____

6. Welches Ziel haben Sie?

_____

_____

So lösen Sie das Problem

1. Schreiben Sie in die Tabelle, welche Kriterien Ihre Lösung erfüllen muss.
2. Schreiben Sie mehrere mögliche Lösungen in die Tabelle.
3. Füllen Sie die restlichen Felder der Tabelle aus, analysieren Sie die verschiedenen Möglichkeiten, und wählen Sie die beste Lösung.

Ziel:

_____

_____

4. Führen Sie eine Analyse unter Berücksichtigung von »Murphys Gesetz« durch.

_____

_____

5. Setzen Sie Ihren Plan um.

_____

_____

6. Überprüfen Sie, ob Ihr Plan funktioniert.

_____

_____

Danksagung

Wir möchten uns bei den vielen Menschen bedanken, die dieses Manuskript gelesen und uns mit Anmerkungen und Verbesserungen unterstützt haben, vor allem bei Martha Kandl und Kathy Pappantoniou. Dank gebührt auch unseren Kindern und Familien für ihre Mitarbeit und Unterstützung. Und schließlich möchten wir uns bei Pat Moore und Meredith Rutter von VanderWyk & Burnham bedanken, die uns eine große Hilfe gewesen sind. Ihr Enthusiasmus hat uns angespornt, und ihre Vorschläge haben dafür gesorgt, dass wir unser Ziel nicht aus den Augen verloren haben.

Ein Dankeschön auch an die zahllosen Menschen – Freunde, Klienten, Radiozuhörer, Zuschauer, Interviewer –, ohne deren Anstrengungen und Erfolge dieses Buch nicht möglich gewesen wäre.

Register

Louise Vincent
Trost aus dem Kühlschrank
Warum man Gefühle nicht essen kann

Broschur, 176 Seiten, ISBN 3-7205-2247-4

Louise Vincent hat mit Humor und Selbstironie das
Phänomen des Frustfressens unter die Lupe genommen.
Es sind kleine Automatismen in unserem Handeln, die dazu
führen, dass wir immer mehr essen, als wir eigentlich müssten.
Die im wahrsten Sinne des Wortes »schwerwiegenden Folgen«
belasten uns – manche ein Leben lang ...
Louise Vincent zeigt Tricks und Kniffe, damit endlich
Schluss zu machen!

ARISTON